# Mon premier dictionnaire d'anglais

LAROUSSE
21, rue du Montparnasse 75 283 Paris Cedex 06

© Larousse 2013
21, rue du Montparnasse
75283 Paris Cedex 06, France
www.larousse.fr
ISBN : 978-2-03-593506-9

Direction de la publication
Carine Girac-Marinier

Direction éditoriale
Claude Nimmo

Édition
Giovanni Picci
avec l'aide précieuse de Matt Stokes

Rédaction
Gaëlle Amiot-Cadey

Relecture
Dominique Chevalier

Direction artistique
Uli Meindl

Illustrations (planches)
Olivier Poli

Mise en page
Les PAOistes, Giovanni Picci

Informatique éditoriale
Dalila Abdelkader

Fabrication
Marlène Delbeken

# Sommaire



## Les planches illustrées

## a

un, une

- *Would you like a pear or an apple?*
  *Tu veux une poire ou une pomme ?*

Attention ! **A** devient **an** devant les mots qui commencent par une voyelle, comme dans **an apple**.

## about

environ

- *What are you talking about?*
  *De quoi parles-tu ?*

- *There are about 25 people in my class.*
  *Il y a environ 25 personnes dans ma classe.*

## an address

une adresse

- *What's your address?*
  *Quelle est ton adresse ?*

## an afternoon

un après-midi

- *I'm going swimming this afternoon.*
  *Je vais nager cet après-midi.*
- *Good afternoon!*
  *Bonjour !*

A B C D E F G H I J K L M N O P Q R S T U V W X Y Z

# again

encore

- *Tell me again!*
  *Dis-le-moi encore une fois !*
- *Don't do that again!*
  *Ne recommence pas !*

# all

tout, toute, tous, toutes

- *I've invited all my friends.*
  *J'ai invité tous mes amis.*

# alone

seul, seule, seuls, seules

- *She's all alone.*
  *Elle est toute seule.*
- *Leave me alone!*
  *Laisse-moi tranquille !*

# always

toujours

- *He's always late.*
  *Il est toujours en retard.*

# America

l'Amérique

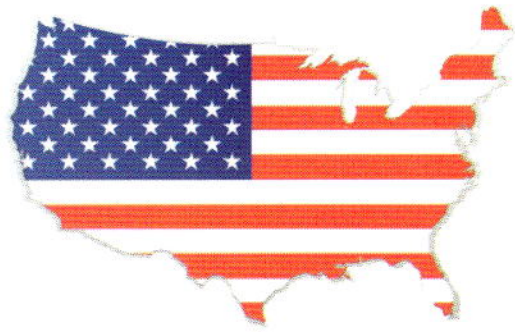

- *I'm going to America.*
  *Je vais en Amérique.*

On utilise **America** (l'Amérique) pour parler du continent américain, mais ce mot désigne aussi souvent un pays, les États-Unis d'Amérique (**the United States of America**). Les États-Unis s'appellent aussi les **USA** (et se prononcent « iou-ess-ai »).

# and

et

- *I have a brother and a sister.*
  *J'ai un frère et une sœur.*

# an animal

un animal

- *I love animals.*
  *J'adore les animaux.*

# another

encore un,
encore une

- *Can I have another biscuit?*
  *Je peux avoir encore un biscuit ?*

# any

du, de l', de la,
des, de

- *There isn't any water in the fridge.*
  *Il n'y a pas d'eau dans le frigo.*
- *Have you got any paper?*
  *Est-ce que tu as du papier ?*

# an apple

une pomme

- *Can I have an apple?*
  *Est-ce que je peux avoir une pomme ?*

## The Big Apple

*La ville de New York aux États-Unis est surnommée **the Big Apple**, « la Grosse Pomme ». New York n'est pas la capitale des États-Unis, mais c'est une des villes les plus connues. Sais-tu comment s'appelle la capitale des USA ?*

# an arm

un bras

- *an alien with four arms*
  *un extraterrestre à quatre bras*

# to ask

demander

- *Ask the teacher.*
  *Demande à la maîtresse.*
- *Can I ask you a question?*
  *Est-ce que je peux te poser une question ?*

# at

à

- *I'm at school.*
  *Je suis à l'école.*

# My house
## Ma maison

the attic
le grenier

a washing machine
une machine à laver

the garage
le garage

a dog
un chien

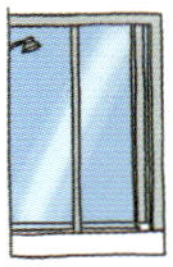

the shower
la douche

a room
une pièce

a neighbour
un voisin

the toilet
les toilettes

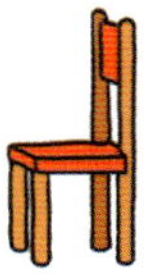

a chair
une chaise

the dining room
la salle à manger

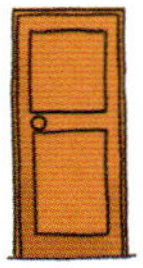

a door
une porte

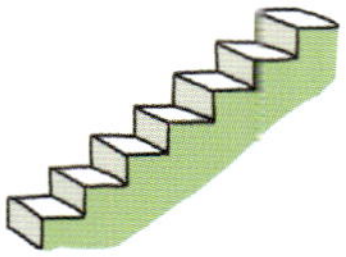

the stairs
l'escalier

a goldfish
un poisson rouge

the bedroom
la chambre

a guinea pig
un cochon d'Inde

an armchair
un fauteuil

the living room
le salon

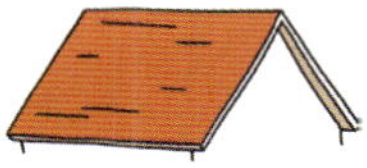

the roof
le toit

a table
une table

a wall
un mur

a sofa
un sofa

a bin
une poubelle

the garden
le jardin

a window
une fenêtre

the kitchen
la cuisine

a cat
un chat

the bathroom
la salle de bain

a cupboard
un placard

A
B
C
D
E
F
G
H
I
J
K
L
M
N
O
P
Q
R
S
T
U
V
W
X
Y
Z

one baby two babies

## a baby
un bébé

- *The baby is crying.* Le bébé pleure.

## a back
un dos

- *Ouch! My back!*
  *Aïe ! Mon dos !*

Attention ! **Back** peut vouloir dire plusieurs choses ! Regarde le mot suivant.

## back
de retour

- *I'll be back at eight.*
  *Je serai de retour à 8 heures.*

## bad
mauvais, mauvaise, mauvaises

- *I'm in a bad mood!*
  *Je suis de mauvaise humeur !*

## a ball
une balle, un ballon

- *a tennis ball* une balle de tennis

## a banana
une banane

- *The monkey is eating a banana.*
  *Le singe mange une banane.*

## a bathroom
une salle de bains

- *Where is the bathroom?*
  *Où est la salle de bains ?*

## to be
être

- *They are very happy.*
  *Ils sont très heureux.*

### To be

**Présent**
- I am
- you are
- he, she, it is
- we are
- you are
- they are

**Passé simple**
- I was
- you were
- he, she, it was
- we were
- you were
- they were

**Participe passé**
- been

## a beach
une plage

- *We're playing on the beach.*
  *Nous jouons sur la plage.*

Attention au pluriel!
one beach
two beaches

### On the beach
*Sur la plage au Royaume-Uni, on peut souvent faire une balade à dos d'âne.*

## because
parce que

- *I'm sad because I've lost my koala.* *Je suis triste parce que j'ai perdu mon koala.*

## a bed
un lit

- *Emily's in bed.*
  *Emily est couchée.*

### The tooth fairy
*Quand un enfant anglais perd une dent, il la met sous son oreiller.* ***The tooth fairy*** *(la petite fée des dents) passe la prendre pendant la nuit et met à la place une petite pièce.*

## a bedroom

une chambre

- *Let's play in my bedroom.*

  *Allons jouer dans ma chambre.*

## before

avant

- *Come back before midnight!*

  *Reviens avant minuit !*

## to begin

commencer

- *The story begins in a castle.*

  *L'histoire commence dans un château.*

Attention ! Le passé de **begin** est **began** et le participe passé est **begun**.

## best

meilleur, meilleure, meilleurs, meilleures

- *She's my best friend.*

  *C'est ma meilleure amie.*

## better

mieux

- *I feel better now.*

  *Je me sens mieux maintenant.*

## a bicycle

un vélo

- *I have a new bicycle.*

  *J'ai un nouveau vélo.*

Tu peux aussi dire **bike** pour « vélo » : **I'm riding my bike.** Je fais du vélo.

## big

grand, grande, grands, grandes

- *a big tree*

  *un grand arbre*

- *the big bad wolf*

  *le grand méchant loup*

**Big Ben** est le surnom de la cloche de la tour du parlement à Londres. Le son de cette cloche est très connu. Saurais-tu chanter l'air ? Beaucoup de gens se trompent en pensant que **Big Ben** est le nom de l'horloge ou de la tour elle-même.

# a bird

un oiseau

- *A blue bird is flying in the sky.*

  *Un oiseau bleu vole dans le ciel.*

# a birthday

un anniversaire

- *Happy birthday!*

  *Joyeux anniversaire !*

## Birthday party

Comment s'organise un anniversaire en Grande-Bretagne ? On invite ses amis à une **birthday party** (fête d'anniversaire) et on fait des jeux comme **pass-the-parcel** : un paquet recouvert de plusieurs couches de papier passe de main en main pour être déballé, jusqu'à ce que le dernier participant découvre – enfin ! – ce qu'il y a dedans. À la fin de la fête, chacun repart avec son petit **party bag** contenant quelques petits cadeaux et une part de gâteau. Les cadeaux d'anniversaire sont ouverts une fois les invités partis.

# a bit

un peu

- *I'm a bit tired.*

  *Je suis un peu fatigué.*

# black

noir, noire, noirs, noires

- *Where's my black pen?*

  *Où est mon stylo noir ?*

## Black cabs

Les taxis londoniens, appelés **black cabs**, sont souvent noirs.

# blue

bleu, bleue, bleus, bleues

- *I have blue eyes.*

  *J'ai les yeux bleus.*

# a boat

un bateau

- *a little boat* *un petit bateau*

# a book

un livre

- *I am reading a book.*

  *Je lis un livre.*

# a boot

une botte

- *I'm putting my boots on.*

  *Je mets mes bottes.*

# My bedroom
## Ma chambre

a wardrobe
une armoire

an alarm clock
un réveil

a camera
un appareil photo

a teddy bear
un nounours

roller blades
des rollers

a pillow
un oreiller

a bed
un lit

a book
un livre

a toy
un jouet

an MP3 player
un lecteur MP3

a chest of drawers
une commode

a laptop
un ordinateur portable

a jigsaw puzzle
un puzzle

a doll's house
une maison de poupée

a puppet
une marionnette

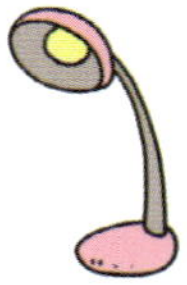
a lamp
une lampe

a skipping rope
une corde à sauter

a doll
une poupée

a shelf
une étagère

a cuddly toy
une peluche

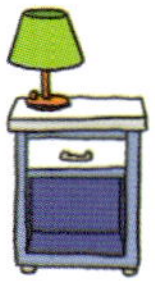
a bedside table
une table de chevet

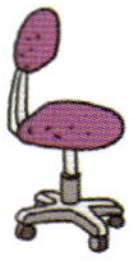
a chair
une chaise

a poster
un poster

a board game
un jeu de société

a duvet
une couette

## a bottle

une bouteille

- *a bottle of milk*

  *une bouteille de lait*

### The milkman

Il existe encore des livreurs de lait (**milkmen**) au Royaume-Uni. Le matin, ils déposent devant les portes une bouteille en verre contenant du lait (**milk**).

## a boy

un garçon

- *a young boy*

  *un petit garçon*

## bread

le pain

- *a slice of bread*

  *une tranche de pain*

### Bread

Le pain qu'on mange au Royaume-Uni est presque toujours du pain de mie.

## to break

casser

- *Don't break my phone!*

  *Ne casse pas mon téléphone !*

Attention ! Le passé de **break** est **broke** et le participe passé est **broken**.

## breakfast

le petit déjeuner

- *I have cereal for breakfast.*

  *Je mange des céréales au petit déjeuner.*

### Breakfast

On sert parfois un petit déjeuner copieux au Royaume-Uni, le **full English breakfast**. Dans ton assiette, tu trouveras des saucisses, du bacon, des œufs, des tomates et champignons frits ou grillés, et des haricots blancs à la sauce tomate sucrée. Ça te tente ?

## to bring

apporter

- *Bring me a book.*

  *Apporte-moi un livre.*

## a brother
un frère

- *I have two brothers.*
  *J'ai deux frères.*

## a bus
un bus

one bus

two buses

- *I take the bus to school.*
  *Je prends le bus pour aller à l'école.*
- *I'm on the bus.*
  *Je suis dans le bus.*
- *a bus stop* *un arrêt de bus*

## busy
occupé, occupée
occupés, occupées

- *Sam is very busy.*
  *Sam est très occupé.*

## but
mais

- *I like chocolate but not sweets.*
  *J'aime le chocolat mais pas les bonbons.*

## butter
le beurre

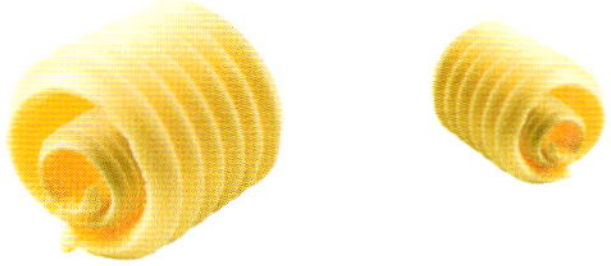

- *Would you like some butter?*
  *Veux-tu du beurre ?*

## to buy
acheter

- *I'm going to buy a present.*
  *Je vais acheter un cadeau.*

> *Attention ! Le passé et le participe passé de* **buy** *sont* **bought***.*

## by
en

- *I always go to school by bus.*
  *Je vais toujours à l'école en bus.*

## bye!
salut !

- *I'm going. Bye!*
  *Je m'en vais. Salut !*
- *Bye bye!* *Au revoir !*

> *Attention ! Ne confonds pas* **buy***,* **by** *et* **bye***. Ils se prononcent tous de la même manière mais s'écrivent de façon différente. Cherche-les sur cette page !*

## a cake

un gâteau

- *a chocolate cake*
  *un gâteau au chocolat*

## to call

appeler

- *Call me tomorrow.* *Appelle-moi demain.*
- *What's this called?* *Comment ça s'appelle ?*

## can

pouvoir, savoir

- *Can you help me?*
  *Tu peux m'aider ?*
- *Can you swim?*
  *Tu sais nager ?*

## a car

une voiture

- *This is my mum's car.*
  *C'est la voiture de ma mère.*

Au Royaume-Uni, on roule à gauche et le volant est à droite. Attention en traversant la route : regarde du bon côté !

## careful

prudent, prudente,
prudents, prudentes

- *He's always very careful.*
  *Il est toujours très prudent.*
- *Be careful!*
  *Fais attention !*

## a carrot

une carotte

- *My rabbit loves carrots.*
  *Mon lapin adore les carottes.*

## a castle

un château

- *an old castle*
  *un vieux château*

**Castles**

La reine d'Angleterre a plusieurs châteaux dont **Windsor** à côté de Londres et **Balmoral** en Écosse.

## a cat

un chat,
une chatte

- *I have a new cat.*
  *J'ai un nouveau chat.*

## a chair

une chaise

- *I'm sitting on a chair.*
  *Je suis assis(e) sur une chaise.*

## cheese

le fromage

- *a cheese sandwich*
  *un sandwich au fromage*

## a chicken

un poulet

- *a roast chicken*
  *un poulet rôti*

a b c d e f g h i j k l m n o p q r s t u v w x y z

# In the kitchen

## Dans la cuisine

a fridge
un frigo

a cooker
une cuisinière

a saucepan
une casserole

fruit
des fruits

an apple
une pomme

a banana
une banane

a cherry
une cerise

grapes
du raisin

a lemon
un citron

an orange
une orange

a fork
une fourchette

a knife
un couteau

a glass
un verre

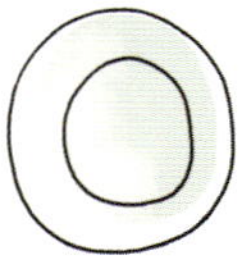
a plate
une assiette

a spoon
une cuillère

a tomato
une tomate

salad
de la salade

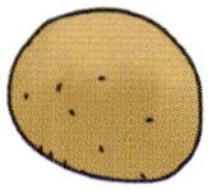
a potato
une pomme de terre

peas
des petits pois

an onion
un oignon

a mushroom
un champignon

a carrot
une carotte

a pear
une poire

a strawberry
une fraise

vegetables
des légumes

broccoli
les brocolis

## a child

one child

two children

un enfant,
une enfant

- *Good night, children!*
  *Bonne nuit, les enfants !*

## a chip

une frite

- *I like chips.*
  *J'aime les frites.*

## chocolate

le chocolat

- *He's eating chocolate.*
  *Il mange du chocolat.*

## Christmas

Noël

- *a Christmas tree*
  *un sapin de Noël*
- *Merry Christmas!*
  *Joyeux Noël !*

Le 25 décembre au Royaume-Uni, on mange un énorme repas, on chante des chants de Noël et, sur la table, on trouve des **Christmas crackers** : ce sont des petits paquets

qui contiennent un cadeau, un chapeau en papier et une blague. On les ouvre d'un coup en tirant sur le pétard caché dedans. Pendant la période de Noël, on envoie des **Christmas cards** (cartes de vœux) à tous ses amis et à sa famille.

## a cinema

un cinéma

- *We're going to the cinema.*
  *Nous allons au cinéma.*

## clean

propre, propres

- *My hands are clean.*
  *J'ai les mains propres.*

## a clock

une horloge

- *an alarm clock* *un réveil*

### It's one o'clock!

La petite aiguille est sur le 1 et la grande aiguille est sur le 12, il est donc **one o'clock** ! L'expression **o'clock** s'emploie pour parler de l'heure pile.

Il est deux heures. = ***It's two o'clock.***

Et pour savoir comment dire l'heure en anglais, regarde la page 86.

## to close

fermer

- *Close your eyes!*
  *Ferme les yeux !*

## a cloud

un nuage

- *the clouds in the sky*
  *les nuages dans le ciel*

## a coat

un manteau

- *Put your coat on.*
  *Mets ton manteau.*

## a coffee

un café

- *a cup of coffee*
  *une tasse de café*

## cold

froid, froide, froids, froides

- *I'm cold. J'ai froid.*
- *It's cold outside.*
  *Il fait froid dehors.*

> Attention ! **Cold** peut vouloir dire plusieurs choses ! Regarde le mot suivant.

## a cold

un rhume

- *I've got a cold.*
  *J'ai le rhume.*

## to come

arriver

- *Come here!*
  *Viens ici !*
- *I'm coming!*
  *J'arrive !*
- *Come on! Allez !*
- *Come back! Reviens !*
- *Come in! Entrez !*

> Attention ! Le passé de **come** est **came** et le participe passé est **come**.

a b c d e f g h i j k l m n o p q r s t u v w x y z

A B C D E F G H I J K L M N O P Q R S T U V W X Y Z

## a computer

un ordinateur

- *I've got a new computer.*
  *J'ai un nouvel ordinateur.*

## to cook

faire la cuisine

- *I like cooking.*
  *J'aime bien faire la cuisine.*

## to count

compter

- *I can count from one to ten.*
  *Je sais compter de 1 à 10.*

## a country

un pays

- *Which country are you from?*
  *Tu es de quel pays ?*
- *in the country*
  *à la campagne*

## a cow

une vache

- *Cows eat grass.*
  *Les vaches mangent de l'herbe.*

## a crocodile

un crocodile

- *Help! A crocodile!*
  *Au secours ! Un crocodile !*

## to cry

pleurer

- *Don't cry!* Ne pleure pas !

Attention ! Le passé et le participe passé de **cry** sont **cried**.

# dad

papa

- *Hello, dad!*

  *Bonjour papa !*

> On peut aussi dire **daddy** pour « papa ». Le mot **daddy** n'est utilisé que par les tout-petits ; en revanche le mot **dad** ne fait pas « bébé ». Même les adultes s'en servent pour parler de leur père.

# to dance

danser

- *Let's dance!*

  *Dansons !*

# a daughter

une fille

- *That's my daughter.*

  *C'est ma fille.*

# a day

un jour

- *I call her every day.*

  *Je l'appelle tous les jours.*

## The days of the week !

- Monday ............ lundi
- Tuesday ............ mardi
- Wednesday ............ mercredi
- Thursday ............ jeudi
- Friday ............ vendredi
- Saturday ............ samedi
- Sunday ............ dimanche

> Attention ! Les jours de la semaine s'écrivent toujours avec une majuscule en anglais, tout comme les mois de l'année. Cherche **month** dans ton dictionnaire, et tu les trouveras.

# Meals
## Les repas

milk
du lait

butter
du beurre

cereal
des céréales

coffee
du café

tea
du thé

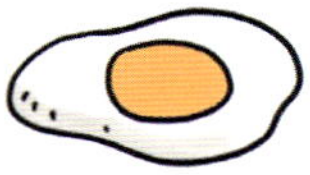
an egg
un œuf

fruit juice
du jus de fruits

toast
du pain grillé

### breakfast
le petit déjeuner

### lunch
le déjeuner

jam
de la confiture

honey
du miel

cheese
du fromage

pasta
des pâtes

a cake
un gâteau

chicken
du poulet

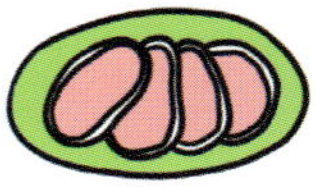

ham
du jambon

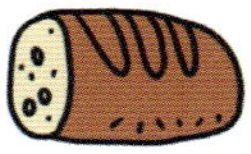

bread
du pain

rice
du riz

# dinner
## le dîner

salad
de la salade

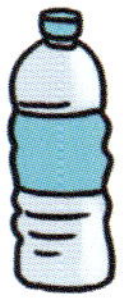

water
de l'eau

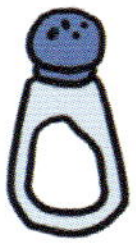

salt
du sel

pepper
du poivre

pizza
de la pizza

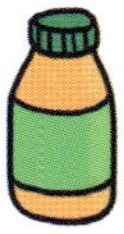

a drink
une boisson

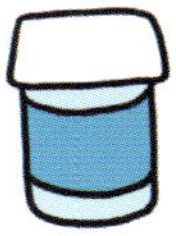

a yoghurt
un yaourt

a pie
une tarte

fish and chips
du poisson et des frites

a sandwich
un sandwich

a packet of crisps
un paquet de chips

A B C D E F G H I J K L M N O P Q R S T U V W X Y Z

# dear

cher, chère, chers, chères

- *Dear Mr Jones...*
  *Cher Monsieur Jones...*
- *Oh dear!*
  *Oh la la !*

# dinner

le dîner

- *They're cooking dinner.*
  *Elles préparent le dîner.*

# dirty

sale, sales

- *My dress is dirty.*
  *Ma robe est sale.*

# to do

faire

- *What are you doing?*
  *Qu'est-ce que tu fais ?*
- *I'm doing my homework.*
  *Je fais mes devoirs.*

## To do

**présent**

| | |
|---|---|
| I do | we do |
| you do | you do |
| he, she, it does | they do |

| passé simple | participe passé |
|---|---|
| did | done |

# a doctor

un médecin

- *My dad is a doctor.*
  *Mon père est médecin.*

# a dog

un chien, une chienne

- *My dog is called Max.*
  *Mon chien s'appelle Max.*

## The Queen's dogs

La reine d'Angleterre a des **Welsh Corgis**, une race de chiens gallois. Elle leur donne à manger elle-même lorsqu'elle est au palais.

## a door
une porte

- *Close the door.*
  Ferme la porte.

## down
en bas

- *Are you coming down?*
  Tu descends ?

## to draw
dessiner

- *I can draw dinosaurs.*
  Je sais dessiner les dinosaures.

## a drawing
un dessin

- *She did a drawing of a dinosaur.*
  Elle a dessiné un dinosaure.

## a dress
une robe

- *I'm wearing my new dress.*
  J'ai mis ma robe neuve.

## to drink
boire

- *He's drinking orange juice.*
  Il boit du jus d'orange.

Attention ! Le passé de **drink** est **drank** et le participe passé est **drunk**.

## a drink
une boisson

- *a cold drink*
  une boisson fraîche

Attention ! **Drink** peut vouloir dire plusieurs choses ! Regarde le mot précédent.

## dry
sec, sèche, secs, sèches

- *My t-shirt is dry.*
  Mon tee-shirt est sec.

## each

chaque

- *Look at each picture.*
  *Regarde chaque image.*

## Easter

Pâques

- *an Easter egg*
  *un œuf de Pâques*

### Easter eggs

En Grande-Bretagne et aux États-Unis, c'est un lapin, le **Easter bunny**, qui apporte les œufs de Pâques.

## to eat

manger

Attention ! Le passé de **eat** est **ate** et le participe passé est **eaten**.

- *He's eating a sandwich.*
  *Il mange un sandwich.*

### Sandwich

Sais-tu d'où vient le mot **sandwich** ?

Il était une fois un comte qui s'appellait Sandwich et qui aimait jouer aux cartes. Un jour, il demanda à ses domestiques de lui préparer quelque chose qu'il puisse manger sans interrompre sa partie. On lui servit de la viande entre deux tranches de pain – facile et rapide à manger !

## an egg
un œuf

- *fried eggs*
  *des œufs sur le plat*
- *a boiled egg*
  *un œuf à la coque*

## an elephant
un éléphant

- *That elephant is so cute!*
  *Cet éléphant est trop mignon !*

## an email
un e-mail

- *I'll send you an email.*
  *Je vais t'envoyer un e-mail.*

## an end
une fin

- *at the end of the film*
  *à la fin du film*

## England
l'Angleterre

- *I come from England, and you?*
  *Je viens d'Angleterre, et toi ?*

L'Angleterre (**England**) est un pays qui se trouve sur l'île de la Grande-Bretagne (**Great Britain**), avec le pays de Galles (**Wales**) et l'Écosse (**Scotland**). Le Royaume-Uni (**United Kingdom**) est le pays qui regroupe ces trois nations, ainsi que l'Irlande du nord (**Northern Ireland**).

## English
anglais, anglaise, anglaises

- *Do you speak English?*
  *Parles-tu anglais ?*

N'oublie pas ! Le mot **English** doit toujours commencer par une majuscule.

a b c d e f g h i j k l m n o p q r s t u v w x y z

# At school
## À l'école

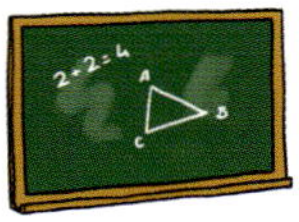

the board
le tableau

the classroom
la salle de classe

English
l'anglais

a felt-tip pen
un feutre

a desk
un bureau

science
la science

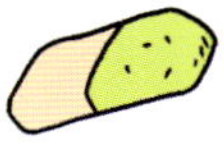

a rubber
une gomme

maths
les maths

a pencil
un crayon

scissors
des ciseaux

ICT
l'informatique

a pencil sharpener
un taille-crayon

the playground
la cour de récréation

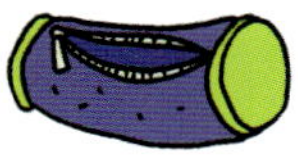
a pencil case
une trousse

a school bag
un cartable

an exercise book
un cahier

a teacher
une professeure

technology
la technologie

gym
la gym

paper
du papier

music
la musique

history
l'histoire

glue
de la colle

geography
la géographie

a pupil
une élève, un élève

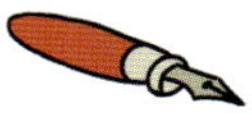
a pen
un stylo

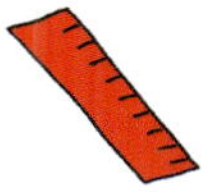
a ruler
une règle

## to enjoy

aimer

- *I enjoy listening to music.*
  *J'aime bien écouter de la musique.*
- *Enjoy yourself!*
  *Amuse-toi bien !*

## enough

assez

- *That's enough!*
  *Ça suffit !*

## an evening

un soir

- *I like to walk my dog in the evening.*
  *J'aime bien promener mon chien le soir.*
- *Good evening!*
  *Bonsoir !*

## every

tout, toute, tous, toutes

- *I walk to school every day.*
  *Je vais à l'école à pied tous les jours.*

## except

sauf

- *Everyone can swim except me.*
  *Tout le monde sait nager sauf moi.*

## an eye

un œil

- *I have green eyes.*
  *J'ai les yeux verts.*

Sais-tu que **eye** et **I** se prononcent de la même manière ? Ce son ressemble à « Aïe ! » en français. Va chercher **I** dans le dictionnaire pour voir ce que ça veut dire.

### The London Eye

Cette grande roue de Londres se trouve au bord de la Tamise (**River Thames**), en face du parlement et de la tour de Big Ben. Elle fut construite pour les festivités de l'an 2000. On peut monter à bord pour admirer tout Londres de haut – quand il n'y a pas trop de brouillard !

## a face

un visage

- *She has a beautiful face.*

  *Elle a un très beau visage.*

## fair

juste, justes

- *That's not fair!*

  *Ce n'est pas juste !*

## a family

une famille

- *my family*

  *ma famille*

one family

two families

## famous

célèbre, célèbres

- *She's a famous singer.*

  *C'est une chanteuse célèbre.*

## fast

rapide, rapides

- *This train is very fast.*

  *Ce train est très rapide.*

a b c d e f g h i j k l m n o p q r s t u v w x y z

# a father

un père

- *My father is a teacher.*

  *Mon père est prof.*

## Father's Day

Pour la fête des Pères, le 3e dimanche de juin, on offre une carte et un petit cadeau fait main.

# favourite

préféré, préférée,
préférés, préférées

- *Purple is my favourite colour.*

  *Le violet est ma couleur préférée.*

# a film

un film

- *I love this film!*

  *J'adore ce film !*

# to find

trouver

- *Help me find my book.*

  *Aide-moi à trouver mon livre.*

Attention ! Le passé et le participe passé de **find** sont **found**.

# fine

très bien

- *How are you? — I'm fine!*

  *Comment vas-tu ? — Bien, très bien !*

# a fire

un feu

- *Fire is dangerous.*

  *Le feu est dangereux.*

- *a fire engine*

  *une voiture de pompiers*

# a fish

un poisson

one fish

- *He doesn't like fish.*

  *Il n'aime pas le poisson.*

two fish

## Fish and chips

Le **fish and chips** est un plat typiquement britannique, composé de poisson pané frit et de frites arrosées de vinaigre. On l'achète dans un **fish-and-chip shop** (le **chippy**) et on l'emporte emballé dans du papier pour le manger chez soi, dans la rue, ou même à la plage, pour se réchauffer lorsque le soleil n'est pas au rendez-vous…

# a flag
un drapeau

- *the British flag*

  *le drapeau britannique*

## Flags
Le drapeau britannique s'appelle **the Union Jack** – va voir « Union Jack » à la lettre U pour en savoir plus. Le drapeau américain a 50 étoiles : une pour chaque état des États-Unis.

# a flower
une fleur

- *Mum loves flowers.*

  *Maman adore les fleurs.*

# to fly
voler

- *The plane is flying in the clouds.*

  *L'avion vole dans les nuages.*

# food
la nourriture

- *organic food*

  *les aliments bio*

# a foot
un pied

- *I've hurt my foot.*

  *Je me suis fait mal au pied.*

# football
le football

- *They're playing football.*

  *Ils jouent au football.*

Le **football** est un sport qui a ses origines en Angleterre. Mot à mot, c'est le « pied-balle » ! Les Américains appellent ce sport **soccer** et réservent le mot **football** pour leur football à eux !

# for
pour

- *This is for you.*

  *C'est pour toi.*

# to forget
oublier

- *Don't forget to call your dad!*

  *N'oublie pas d'appeler ton père !*

Attention ! Le passé de **forget** est **forgot** et le participe passé est **forgotten**.

a b c d e f g h i j k l m n o p q x y z

# In town
## En ville

the cinema
le cinéma

a train
un train

the library
la bibliothèque

the airport
l'aéroport

the train station
la gare

a bus
un bus

the bookshop
la librairie

the grocery
l'épicerie

the traffic lights
les feux

a monument
un monument

a motorbike
une moto

the school
l'école

a shop
un magasin

the hotel
l'hôtel

the bank
la banque

the park
le parc

the supermarket
le supermarché

a street
une rue

the post office
la poste

a plane
un avion

a car
une voiture

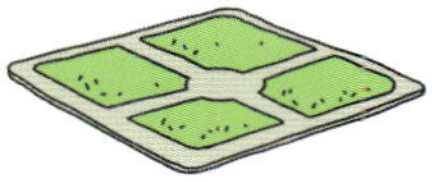

the square
la place

a lorry
un camion

a bike
un vélo

a taxi
un taxi

the museum
le musée

the restaurant
le restaurant

a house
une maison

# free

gratuit, gratuite, gratuits, gratuites

- *Entry is free.*
  *L'entrée est gratuite.*
- *Is this seat free?*
  *Est-ce que cette place est libre ?*

Comme tu le vois dans cet exemple, **free** veut également dire « libre ».

# a friend

un ami, une amie

- *We're friends.*
  *Nous sommes amis.*

# from

de, d'

- *Where do you come from?*
  *D'où venez-vous ?*
- *I come from China.*
  *Je viens de Chine.*

I come from China.

# fruit

les fruits

- *a piece of fruit*
  *un fruit*
- *fruit juice*
  *le jus de fruits*

# fun

- *Have fun!*
  *Amuse-toi bien !*

# funny

drôle, drôles

- *My brother is very funny.*
  *Mon frère est très drôle.*

## Red Nose Day

Au Royaume-Uni, une année sur deux au mois de mars, on fête le **Red Nose Day** («le jour des nez rouges de clowns»). Ce jour-là, on collecte de l'argent pour ceux qui en ont besoin, tout en faisant quelque chose de drôle (**funny**) : les enfants vont à l'école en pyjama, les hommes se font épiler les jambes, on se teint les cheveux en rouge... C'est un peu la version britannique du téléthon et de nombreux comiques y participent. Port du nez rouge (**red nose**) obligatoire !

## a game

un jeu

- *I want to play a game.*
  *Je veux jouer à un jeu.*

### Let's play a game!

Dans la cour de récréation (**playground**), on joue souvent à **tag** (au chat). Quand le « chat » attrape quelqu'un, il crie **You're it!** (C'est toi !). À la maison, on joue aussi à **Hide-and-Seek** (cache-cache, ou mot à mot « cache-et-cherche »). On compte jusqu'à dix, les yeux fermés, puis on crie **Ready or not, here I come!** (Que vous soyez prêts ou pas, j'arrive !) avant d'aller dénicher ses copains. Une autre version de **Hide-and-Seek** s'appelle **Sardines**. Cette fois, une seule personne se cache et le reste du groupe se disperse pour la chercher. Dès qu'on trouve la personne cachée, il faut se joindre à elle dans la cachette et attendre jusqu'à ce que, petit à petit, tout le monde se retrouve dans la même cachette, serrés comme des sardines ! Le dernier à trouver la cachette a perdu – c'est à lui d'aller se cacher.

## a garden

un jardin

- *a big garden* *un grand jardin*

## to get

recevoir

- *I got money for my birthday.*
  *J'ai reçu de l'argent pour mon anniversaire.*

Attention ! Le passé et le participe passé de **get** sont **got**.

a b c d e f g h i j k l m n o p q r s t u v w x y z

A B C D E F G H I J K L M N O P Q R S T U V W X Y Z

## to **get up**

se lever

- *I get up at seven.*
  *Je me lève à sept heures.*

## a **girl**

une fille

- *a little girl* *une petite fille*

## to **give**

donner

- *Give it to me!*
  *Donne-le-moi !*
- *Give me the ball.*
  *Donne-moi la balle.*

Attention ! Le passé de **give** est **gave** et le participe passé est **given**.

## a **glass**

un verre

- *a glass of water*
  *un verre d'eau*
- *He wears glasses.*
  *Il porte des lunettes.*

Attention ! Au pluriel, **glasses** veut dire « lunettes » !

## to **go**

aller

- *I'm going to school.*
  *Je vais à l'école.*

Attention ! Le passé de **go** est **went** et le participe passé est **gone**.

## **gold**

l' or

- *It's made of gold.* *C'est en or.*

## **good**

bon, bonne, bons, bonnes

- *It's a good film.*
  *C'est un bon film.*

## **goodbye**

au revoir

- *Goodbye, Mum!*
  *Au revoir Maman !*

# grass

l'herbe

- *Let's sit on the grass.*
  *Asseyons-nous sur l'herbe.*

# great

génial, géniale, géniaux, géniales

- *I have a great idea!*
  *J'ai une idée géniale !*
- *I feel great.*
  *Je me sens en pleine forme.*

# green

vert, verte, verts, vertes

- *I love green beans.*
  *J'adore les haricots verts.*

## St Patrick's Day

*Le 17 mars, c'est la fête des Irlandais ! On s'habille en vert, on se peint une feuille de trèfle (**shamrock**) sur la figure. Si tu cherches bien, tu verras peut-être un **leprechaun** : c'est un lutin irlandais qui cache son chaudron rempli d'or au bout des arcs-en-ciel.*

# a guitar

une guitare

- *He plays the guitar.*
  *Il joue de la guitare.*

# Hobbies

## Les loisirs

...the violin
...du violon

...the piano
...du piano

...video games
...aux jeux vidéos

...dominoes
...aux dominos

...cards
...aux cartes

...tennis
...au tennis

...football
...au football

...acting
...faire du théâtre

...dancing
...danser

...playing with my friends
...jouer avec mes amis

...cooking
...faire la cuisine

...walking
...faire des balades

...drawing
...dessiner

...listening to music
...écouter de la musique

..painting
...peindre

...reading comics
...lire des bandes déssinées

...watching DVDs
...regarder des DVD

...singing
...chanter

...going to the cinema
...aller au cinéma

...camping
...faire du camping

## hair

les cheveux

- *I have black hair.*
  *J'ai les cheveux noirs.*
- *His hair is very short.*
  *Ses cheveux sont très courts.*

*Attention ! **Hair** est singulier. « J'ai les cheveux longs » se dit **I have long hair**. Si tu dis **I have long hairS**, c'est que tu as de longs poils !*

## Hallowe'en

Halloween

- *I'm dressing up as a ghost for Hallowe'en. Je me déguise en fantôme pour Halloween.*

Le 31 octobre, on fête **Hallowe'en** en se déguisant en sorcière (**witch**) ou en monstre (**monster**). Ce soir-là, les enfants font du porte-à-porte pour demander des bonbons en criant « **trick or treat!** » – si on ne leur donne pas de sucreries (**treats**), ils vous joueront un tour (**a trick**) ! Les maisons sont décorées avec des lanternes fabriquées avec des citrouilles.

## a hand

une main

- *Clap your hands!*
  *Frappez dans vos mains !*

# to happen

se passer

- *What happened?*
  *Qu'est-ce qui s'est passé ?*

# happy

heureux, heureuse, heureuses

- *Tim is very happy.*
  *Tim est très heureux.*
- *Happy New Year!*
  *Bonne année !*

## Happy New Year!

Le réveillon du Nouvel An s'appelle **New Year's Eve** ou **Hogmanay** en Écosse. Les Écossais vont rendre visite à leurs voisins et à leurs amis après les douze coups de minuit. Pour leur souhaiter une heureuse nouvelle année, ils leur apportent un bout de charbon (**coal**), du whisky ou des biscuits (**shortbread**).

# a hat

un chapeau

- *a big hat* *un grand chapeau*

## Hats!

L'Angleterre est connue pour ses chapeaux ! La reine en a paraît-il des milliers. On en porte souvent un lorsqu'on est invité à un mariage, ou lorsqu'on va assister à la fameuse course hippique d'**Ascot** : c'est l'occasion de trouver un chapeau original et même un peu fou pour se faire remarquer. Mais il y a d'autres couvre-chefs : le casque du **bobby** (agent de police), bombé et noir, ou le casque des gardes de la reine au palais de Buckingham, en peau d'ours ! Les chapeaux melon (**bowler hats**) se font de plus en plus rares à Londres.

# to hate

détester

- *I hate meat.*
  *Je déteste la viande.*

# to have

avoir

- ***I have** a dog and a cat.*
  *J'ai un chien et un chat.*
- ***Do you have** any brothers?*
  *Est-ce que tu as des frères ?*
- ***I have got** a dog and a cat.*
  *J'ai un chien et un chat.*
- ***Have you got** any brothers?*
  *Est-ce que tu as des frères ?*

## To have

présent

- I have
- you have
- he, she, it has
- we have
- you have
- they have

passé simple et p. passé

- had

# to have to

devoir

- *I have to go.*
  *Je dois y aller.*

# he

il

- *He's called Harry.* *Il s'appelle Harry.*

# a head

une tête

- *Nod your head.*
  *Fais oui de la tête.*

# hello

bonjour

- *Hello, Emma!* *Bonjour Emma !*

# to help

aider

- *Can you help me?*
  *Tu peux m'aider ?*
- *Help!*
  *Au secours !*
- *Help yourself!*
  *Sers-toi !,*
  *Servez-vous !*

# her

son, sa, ses, lui

- *She has found her shoes.*
  *Elle a trouvé ses chaussures.*
- *Tell her to come.*
  *Dis-lui de venir.*

# hi

salut

- *Hi, Lara! Salut Lara !*

# him

lui

- *Tell him to come.*
  *Dis-lui de venir.*

# his

son, sa, ses

- *His mother is away.*
  *Sa mère est absente.*

# a hobby

un hobby

Attention au pluriel !
one hobby
two hobbies

- *What are your hobbies?*
  *Quels sont tes hobbys ?*

# a holiday

des vacances

- *We're on holiday.*
  *Nous sommes en vacances.*

*As-tu remarqué que dans la phrase ci-dessus, **holiday** est au singulier ?*

# home

chez soi

- *I want to go home.*
  *Je veux rentrer chez moi.*
- *She's staying at home today.*
  *Elle va rester chez elle aujourd'hui.*

# a horse

un cheval

- *I'm riding a horse.*
  *Je fais du cheval.*

# Sports

## Les sports

a goal
un but

baseball
le baseball

hockey
le hockey

cricket
le cricket

a player
une joueuse

volleyball
le volley

tennis
le tennis

badminton
le badminton

a swimming pool
une piscine

football
le football

a ball
un ballon

a match
un match

cycling
faire du vélo

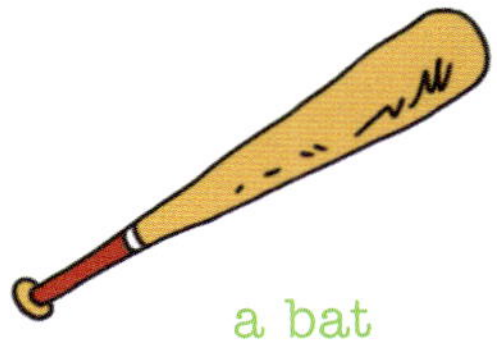

a bat
une batte

skiing
faire du ski

swimming
nager

skateboarding
faire du skateboard

a player
un joueur

a team
une équipe

running
courir

basketball
le basket

horseriding
faire du cheval

a race
une course

# hot

chaud, chaude, chauds, chaudes

- *I'm hot!* *J'ai chaud !*
- *It's hot today.* *Il fait chaud aujourd'hui.*

# a house

une maison

- *a haunted house* *une maison hantée*

En Grande-Bretagne, on trouve beaucoup de **terraced houses** ; ce sont des maisons de ville, mitoyennes, avec un petit jardin devant et un plus important à l'arrière.

# how

comment

- *How are you?* *Comment vas-tu ?*
- *How much is it?* *C'est combien ?*
- *How many children are there?* *Combien y a-t-il d'enfants ?*
- *How old are you? — I'm nine.* *Quel âge as-tu ? — J'ai neuf ans.*

N'oublie pas ! En anglais on dit « je suis 9 ans », c'est-à-dire qu'on utilise le verbe « être » (**to be**) et non le verbe « avoir » (**to have**).

# hungry

- *I'm hungry.* *J'ai faim.*

# hurry

- *I'm not in a hurry.* *Je ne suis pas pressé.*

# to hurry up

se dépêcher

- *Hurry up!* *Dépêche-toi !*

# to hurt

faire mal

- *Ouch, that hurts!* *Aïe, ça fait mal !*
- *My arm hurts.* *J'ai mal au bras.*

Attention ! Le passé et le participe passé de **hurt** sont **hurt**.

Attention !

I s'écrit toujours avec une majuscule.

# I

je, j'

- *I'm called Ali.*
  *Je m'appelle Ali.*
- *I live in Africa.*
  *J'habite en Afrique.*

Sais-tu que **I** et **eye** se prononcent de la même manière ? Ce son ressemble à « Aïe ! » en français. Cherche **eye** dans le dictionnaire pour « voir » (indice !) ce qu'il veut dire.

# ice

la glace

- *a block of ice*
  *un bloc de glace*
- *an ice cube* *un glaçon*

# ice cream

la glace

- *I love ice cream.* *J'adore la glace.*

# an idea

une idée

- *That's a good idea.*
  *C'est une bonne idée.*

# ill

malade, malades

- *She is very ill.*
  *Elle est très malade.*

# the internet

Internet

- *to surf the internet*
  *naviguer sur Internet*
- *Find some information on the internet.*
  *Trouve des renseignements sur Internet.*

a b c d e f g h i j k l m n o p q r s t u v w x y z

A B C D E F G H I J K L M N O P Q R S T U V W X Y Z

## to invite

inviter

- *I invited Tara to my party.*
  *J'ai invité Tara à ma fête.*

## it

il, elle

- *It's raining.* *Il pleut.*
- *Where's my book? — It's over there.*
  *Où est mon livre ? — Il est là-bas.*

> N'oublie pas ! **It** s'emploie pour des objets, des animaux, ou avec des verbes impersonnels comme « pleuvoir ».

## its

son, sa, ses

- *The camera is in its case.*
  *L'appareil photo est dans son étui.*
- *The dog gave me its paw.*
  *Le chien m'a donné sa patte.*

> N'oublie pas ! **Its** s'emploie pour des objets (par exemple « appareil photo ») ou des animaux (comme ici avec « chien »).

> Attention ! Ne confonds pas **its** et **it's**. Ils se prononcent de la même manière, mais **it's**, qui est la contraction de **it is**, veut dire « c'est » et s'écrit avec une apostrophe.

## jam

la confiture

- *some raspberry jam*
  *de la confiture de framboises*

## a job

un emploi

- *She has a job in an office.*
  *Elle a un emploi dans un bureau.*

## juice

un jus

- *a bottle of apple juice*
  *une bouteille de jus de pomme*

## a king
un roi

- *King Arthur*
  *le roi Arthur*

## a kitchen
une cuisine

- *I'm in the kitchen!*
  *Je suis dans la cuisine !*

## to know
savoir, connaître

- *Do you know William?*
  *Tu connais William ?*
- *Do you know where we are?*
  *Tu sais où nous sommes ?*
- *No, I don't know.*
  *Non, je ne sais pas.*

Sais-tu que **know** et **no** se prononcent de la même manière ? Le K du début du mot ne se prononce pas. Cherche **no** dans le dictionnaire pour voir ce qu'il veut dire.

a b c d e f g h i j k l m n o p q r s t u v w x y z

# Descriptions

## Se décrire

a fat pig
un gros cochon

a skinny wolf
un loup maigre

an old grandma
une vieille mamie

Little Red Riding Hood is young.
Le petit Chaperon Rouge est jeune.

an ugly witch
une sorcière laide

a beautiful princess
une belle princesse

a handsome prince
un beau prince

Je suis plus petit que toi.

Je suis plus grande que toi.

Je suis aussi grand que toi.

Je suis le plus grand.

Je suis le plus petit.

J'ai les cheveux longs.

J'ai les cheveux courts.

a tall giant
un grand géant

a small fairy
une petite fée

a strong knight
un chevalier fort

The Ugly Duckling is weak.
Le vilain petit canard est faible.

# a lady

one lady two ladies

une dame

- *There's a lady on the phone.*

  *Il y a une dame au téléphone.*

# a lake

un lac

- *There are lots of fish in the lake.*

  *Il y a beaucoup de poissons dans le lac.*

## Loch Ness Monster

*Au beau milieu de l'Écosse, dans un lac nommé le **Loch Ness**, vit paraît-il un monstre appelé **Nessie**… Ce lac est si profond qu'on pourrait facilement y mettre à la verticale une rame de métro de Londres longue de 14 wagons… alors, qui sait ce qui peut bien se cacher au fond ? Beaucoup ont tenté de photographier **Nessie**, et certains ont même un peu truqué leurs photos, car c'est un monstre bien timide qui ne se montre pas souvent…*

# late

en retard

- *I'm sorry I'm late.*

  *Je suis désolé(e) d'être en retard.*

- *It's too late.*

  *C'est trop tard.*

# to learn

apprendre

- *I'm learning English.*

  *J'apprends l'anglais.*

- *She's learning to swim.*

  *Elle apprend à nager.*

*Attention ! Le passé et le participe passé de **learn** peuvent être **learned** ou **learnt**.*

# left

gauche, gauches

- *my left eye*

  *mon œil gauche*

- *Turn left.*

  *Tourne à gauche.*

- *on the left* à gauche

# a leg

une jambe

- *My leg hurts.*

  *J'ai mal à la jambe.*

# less

moins de

- *I've got less ice cream than you.*

  *J'ai moins de glace que toi.*

# to let

laisser

- *Let me try.*
  *Laisse-moi essayer.*
- *Let's go!* *Allons-y !*
- *Let's go home.* *Rentrons à la maison.*

Attention ! Le passé et le participe passé de **let** sont **let**.

# a letter

une lettre

- *Send him a letter.*
  *Envoie-lui une lettre.*
- *the letters of the alphabet*
  *les lettres de l'alphabet*

## The alphabet!

- A éy
- B bii
- C sii
- D dii
- E ii
- F eff
- G djii
- H éytch
- I aïe
- J djay
- K quay
- L ell
- M emm
- N enn
- O o
- P pii
- Q quiou
- R ar
- S ess
- T tee
- U you
- V vii
- W dobeulyou
- X ex
- Y why
- Z zed

# light

la lumière

- *Switch on the light.*
  *Allume la lumière.*
- *Switch off the light.*
  *Éteins la lumière.*

# to like

aimer

- *I like music.*
  *J'aime la musique.*
- *I would like*
  ou *I'd like* je voudrais
- *I'd like a glass of water.*
  *Je voudrais un verre d'eau.*
- *Would you like some more cake?*
  *Veux-tu encore un peu de gâteau ?*

Attention ! **Like** peut vouloir dire plusieurs choses ! Regarde en dessous.

# like

comme

- *Look! I'm walking like a crab.* *Regarde !*
  *Je marche comme un crabe.*

Attention ! **Like** peut vouloir dire plusieurs choses ! Regarde au-dessus.

a b c d e f g h i j k l m n o p q r s t u v w x y z

# a lion

un lion

- *I like lions.* *J'aime les lions.*

# to listen

écouter

- *She is listening to a story.*
  *Elle écoute une histoire.*

# little

petit, petite, petits, petites

- *a little boy*
  *un petit garçon*
- *a little un peu*

# to live

habiter

- *Martha lives in New Zealand.*
  *Martha habite en Nouvelle-Zélande.*

# London

Londres

- *I live in London.* *J'habite à Londres.*

## London

Londres est la capitale de l'Angleterre et du Royaume-Uni. Il y a beaucoup de monuments célèbres : **Big Ben**, la grande roue appelée **The London Eye**, **Buckingham Palace** (le palais de la reine). Trouve-les sur le plan de la ville de Londres page 123 !

# to look

regarder

- *Look at me!*
  *Regarde-moi !*
- *He looks sad.*
  *Il a l'air triste.*

# to look for

chercher

- *I'm looking for my bag.*
  *Je cherche mon sac.*

## to look like
ressembler à

- *I look like my sister.*
  *Je ressemble à ma sœur.*

## lost
perdu, perdue, perdus, perdues

- *"I'm lost!" said the little girl.*
  *« Je suis perdue ! » dit la petite fille.*

## a lot
beaucoup

- *We read a lot.* *Nous lisons beaucoup.*
- *I have a lot of friends.*
  *J'ai beaucoup d'amis.*

## to love
aimer

- *I love you.* *Je t'aime.*
- *I love singing.* *J'adore chanter.*

### I ♥ YOU
On remplace parfois **love** par un cœur. Essaie de lire ces phrases : **I ♥ New York** ; **I ♥ London**.

## lucky
- *She's very lucky.*
  *Elle a beaucoup de chance.*

## lunch
le déjeuner

- *What would you like for lunch?*
  *Qu'est-ce que tu veux manger à midi ?*
- *We have lunch at one o'clock.*
  *Nous déjeunons à treize heures.*

### Packed lunch
À l'école, au Royaume-Uni, les enfants ont le choix entre manger à la cantine ou apporter leur propre déjeuner, **a packed lunch**. Chacun a sa petite mallette ou son sac isotherme avec dedans un sandwich, une boisson et un dessert. L'expression **packed lunch** veut dire « déjeuner emballé ».

a b c d e f g h i j k l m n o p q r s t u v w x y

# All about me

## Tout sur moi

I'm really angry!
Je suis vraiment en colère !

I'm sorry.
Je suis désolée.

I'm happy.
Je suis content.

I'm sad.
Je suis triste.

I'm really excited!
Je suis super content !

I'm ashamed.
J'ai honte.

I think I'm sick.
Je crois que je suis malade.

Mum's a bit stressed.
Maman est un peu stressée.

I'm tired.
Je suis fatigué.

Don't be scared!
N'aie pas peur !

I'm bored.
Je m'ennuie.

She's really mean.
Elle est vraiment méchante.

I'm shy.
Je suis timide.

My father's chatty.
Mon père est bavard.

He's so funny.
Il est trop drôle.

I'm lucky!
J'ai de la chance !

I'm unlucky.
Je n'ai pas de chance.

My brother is naughty.
Mon frère est vilain.

I'm forgetful.
Je suis étourdi.

My cat is lazy.
Mon chat est paresseux.

He's very brave.
Il est très courageux.

She's nice.
Elle est gentille.

## to make

faire

- *We're making puppets at school.*
  *Nous faisons des marionnettes à l'école.*
- *Have you made your bed?*
  *Est-ce que tu as fait ton lit ?*

> Attention ! Le passé et le participe passé de **make** sont **made**.

## a man

un homme

one man two men

- *a young man* un jeune homme

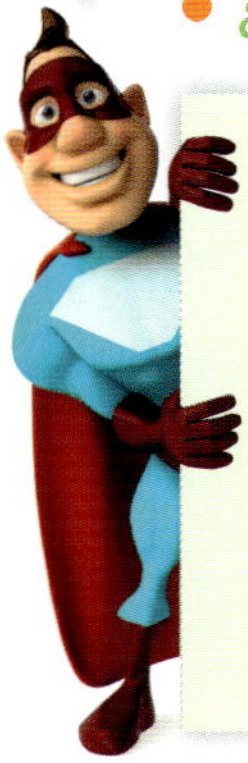

> ### Spiderman, Batman, Superman
> Les noms de super-héros se terminent souvent en **man**. **Spiderman** est « l'homme araignée » (une araignée = **a spider**), **Batman** est « l'homme chauve-souris » (une chauve-souris = **a bat**), et **Superman** est « le surhomme ».

## many

beaucoup de

- *There are many butterflies.*
  *Il y a beaucoup de papillons.*

## a map

un plan, une carte

- *a map of London* un plan de Londres
- *a map of the UK* une carte du *Royaume-Uni*

Attention au pluriel !
one match
two matches

## a match
un match

- *a football match*
  *un match de foot*

## to matter
avoir de l'importance

- *It doesn't matter.*
  *Ça n'a pas d'importance.*

## maybe
peut-être

- *Maybe you're right.*
  *Tu as peut-être raison.*
- *Maybe not.*
  *Peut-être pas.*

## me
moi

- *Is that for me?*
  *C'est pour moi ?*

## meat
la viande

- *I don't eat meat.*
  *Je ne mange pas de viande.*

Sais-tu que **meat** et **meet** se prononcent de la même manière ? Regarde le mot suivant, **to meet**, pour voir ce qu'il veut dire.

## to meet
rencontrer

- *I met Amy last year.*
  *J'ai rencontré Amy l'année dernière.*

- *Pleased to meet you.*
  *Enchanté, Enchantée.*
- *Let's meet at the cinema.*
  *On se retrouve au cinéma.*

Attention ! Le passé et le participe passé de **meet** sont **met**. Sais-tu que **meet** et **meat** se prononcent de la même manière ? Regarde le mot précédent (**meat**) pour voir ce qu'il veut dire.

a b c d e f g h i j k l m n o p q r s t u v w x y z

# milk

le lait

- *a glass of milk*
  *un verre de lait*
- *Add some milk and stir.*
  *Ajouter du lait et mélanger.*

# money

l'argent

- *I don't have any money.*
  *Je n'ai pas d'argent.*

La monnaie du Royaume-Uni est la livre sterling (**the pound sterling**). Une livre (**a pound**) se divise en 100 **pence**. La monnaie des États-Unis s'appelle **dollar**.

# a monkey

un singe

- *There is a monkey in the tree.*
  *Il y a un singe dans l'arbre.*

# a month

un mois

- *Arthur was born in April.*
  *Arthur est né en avril.*

## The months of the year!

| | |
|---|---|
| • January | janvier |
| • February | février |
| • March | mars |
| • April | avril |
| • May | mai |
| • June | juin |
| • July | juillet |
| • August | août |
| • September | septembre |
| • October | octobre |
| • November | novembre |
| • December | décembre |

*Attention ! Les mois de l'année s'écrivent toujours avec une majuscule en anglais, tout comme les jours de la semaine. Cherche* **day** *dans ton dictionnaire, et tu les trouveras.*

## the moon
la lune

- *the full moon*
  *la pleine lune*

## more
plus de

- *There isn't any more bread.*
  *Il n'y a plus de pain.*
- *He got more presents than me.*
  *Il a eu plus de cadeaux que moi.*

## a morning
un matin

- *Good morning!*
  *Bonjour !*
- *I'm not going to school this morning.*
  *Je ne vais pas à l'école ce matin.*
- *at seven o'clock in the morning*
  *à sept heures du matin*

## a mother
une mère

- *This is my mother.*
  *Voici ma mère.*
- *Mother's Day* la fête des Mères

Pour la fête des Mères, trois semaines avant Pâques, on offre une carte et un petit cadeau fait main.

## a mountain
une montagne

- *Ben Nevis is the highest mountain in Britain.*
  *Ben Nevis est la plus haute montagne de Grande-Bretagne.*
- *a mountain bike* un VTT

## a mouse
une souris

- *I have a new mouse for my computer.* *J'ai une nouvelle souris pour mon ordinateur.*

one mouse

two mice

# My family
## Ma famille

My grandfather is retired.
Mon grand-père est à la retraite.

My grandmother is a teacher.
Ma grand-mère est professeure.

My uncle is a fireman.
Mon oncle est pompier.

My aunt is a nurse.
Ma tante est infirmière.

My brother is a policeman.
Mon frère est agent de police.

I want to be an astronaut.
Je veux être astronaute.

My sister is a student.
Ma sœur est étudiante.

My father is a dentist.
Mon père est dentiste.

My mother is a doctor.
Ma mère est médecin.

My cousin is a photographer.
Mon cousin est photographe.

My cousin is a journalist.
Ma cousine est journaliste.

A B C D E F G H I J K L M N O P Q R S T U V W X Y Z

# much

beaucoup (de)

- *I don't have much time.*
  *Je n'ai pas beaucoup de temps.*
- *Thank you very much!*
  *Merci beaucoup !*

# mum

maman

- *Hello, mum!*
  *Bonjour maman !*
- *This is my mum.*
  *Voici ma mère.*

On peut aussi dire **mummy** pour « maman ». Le mot **mummy** n'est utilisé que par les tout-petits ; en revanche, le mot **mum** ne fait pas « bébé ». Même les adultes s'en servent pour parler de leur mère.

# music

la musique

- *She's listening to music.*
  *Elle écoute de la musique.*

# must

devoir

- *I must go.*
  *Je dois partir.*

# my

mon, ma, mes

- *It's my dog.*
  *C'est mon chien.*
- *My parents are on holiday.*
  *Mes parents sont en vacances.*

a b c d e f g h i j k l m n o p q r s t u v w x y z

## a name

un nom

- ***What's your name?***
  *Comment t'appelles-tu ?*
- ***My name is Paul.***
  *Je m'appelle Paul.*
- ***my first name***
  *mon prénom*
- ***my surname***
  *mon nom de famille*

### English names

Voici quelques prénoms courants de fille : **Emily**, **Megan**, **Amy**, **Lucy**, **Jessica** ; et pour les garçons : **Jack**, **Ben**, **James**, **Harry**, **Luke**. En connais-tu d'autres ?

## never

ne … jamais

- ***I am never late.***
  *Je ne suis jamais en retard.*
- ***Never mind!*** *Ça ne fait rien !*

## new

nouveau, nouvelle, nouveaux, nouvelles

- ***my new address***
  *ma nouvelle adresse*
- ***a brand new car***
  *une voiture toute neuve*

# nice

- *a nice dress*
  *une jolie robe*
- *a nice cake*
  *un bon gâteau*

- *It's a nice day.*
  *Il fait beau aujourd'hui.*
- *Mrs Thompson is very nice.*
  *Madame Thompson est très gentille.*

# a night

une nuit

- *We spent the night in a tent.*
  *Nous avons passé la nuit dans une tente.*
- *Good night! Bonne nuit !*

# no

non

- *No thank you.*
  *Non merci.*

*Sais-tu que **no** et **know** se prononcent de la même manière ? Cherche **know** dans le dictionnaire pour voir ce qu'il veut dire.*

# not

ne ... pas

- *"I'm not happy!" said Jack.*
  *« Je ne suis pas content ! » dit Jack.*

# nothing

ne ... rien

- *I've got nothing to do.*
  *Je n'ai rien à faire.*
- *nothing at all*
  *rien du tout*

# now

maintenant

- *You can start now.*
  *Tu peux commencer maintenant.*

A B C D E F G H I J K L M N O P Q R S T U V W X Y Z

## of

de

- *a slice of cake*
  *une tranche de gâteau*
- *of course*
  *bien sûr*

## off

- *I'm off!* *Je m'en vais.*
- *We have a week off.*
  *Nous avons une semaine de congé.*
- *There's £10 off.*
  *Il y a une réduction de 10 livres.*

## an office

un bureau

- *My dad works in an office.*
  *Mon père travaille dans un bureau.*

## old

vieux, vieil, vieille, vieilles

- *It's an old house.*
  *C'est une vieille maison.*

- *My dog is very old.*
  *Mon chien est très vieux.*
- *How old are you?*
  *Quel âge as-tu ?*
- *I'm nine years old.*
  *J'ai 9 ans.*

N'oublie pas ! En anglais on dit « je suis 9 ans », c'est-à-dire qu'on utilise le verbe « être » (**to be**) plutôt que le verbe « avoir » (**to have**).

# Body and clothes

## Le corps et les vêtements

a cap
une casquette

sunglasses
des lunettes de soleil

gloves
des gants

a jacket
une veste

jeans
un jean

a jumper
un pull

a scarf
une écharpe

shorts
un short

slippers
des chaussons

tights
un collant

a t-shirt
un tee-shirt

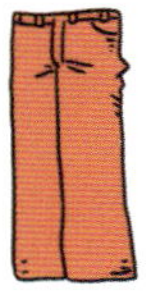

trousers
un pantalon

socks
des chaussettes

a skirt
une jupe

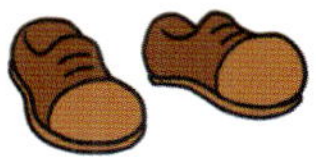

shoes
des chaussures

a shirt
une chemise

a hat
un chapeau

a dress
une robe

a coat
un manteau

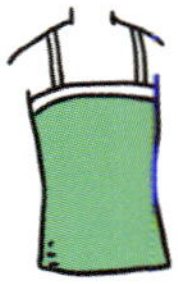

a top
un haut

trainers
des baskets

an umbrella
un parapluie

boots
des bottes

A B C D E F G H I J K L M N O P Q R S T U V W X Y Z

## on

sur

- *Your presents are on the table.*

  *Tes cadeaux sont sur la table.*

- *a book on Australia*

  *un livre sur l'Australie*
- *He's coming on Thursday.*

  *Il vient jeudi.*

## only

seulement

- *There is only one egg left.*

  *Il reste seulement un œuf.*

## to open

ouvrir

- *Open the door, please.*

  *Ouvrez la porte, s'il vous plaît.*

## an orange

une orange

- *a glass of orange juice*

  *un verre de jus d'orange.*

## our

notre, nos

- *Our dog is called Sammy.*

  *Notre chien s'appelle Sammy.*

Sais-tu que **our** et **hour** se prononcent de la même manière ? Va trouver **hour** page 86 pour voir ce qu'il veut dire.

## out

dehors

- *I'm going out!*

  *Je sors !*

## outside

dehors

- *Let's go play outside.*

  *Allons jouer dehors.*

## to paint

peindre

- *I love to paint.*
  *J'adore peindre.*

## paper

le papier

- *I need a piece of paper.*
  *J'ai besoin d'une feuille de papier.*

## to pay

payer

- *Dad has gone to pay the bill.*
  *Papa est parti payer l'addition.*

Attention ! Le passé et le participe passé de **pay** sont **paid**.

## a pen

un stylo

- *my new pen*
  *mon nouveau stylo*
- *My pen pal's called Tariq.*
  *Mon correspondant s'appelle Tariq.*

## a pencil

un crayon

- *a pencil case* une trousse
- *a pencil sharpener*
  *un taille-crayon*

## people

les gens

- *There are a lot of people here.*

  *Il y a beaucoup de monde ici.*

## a person

une personne

- *We need another person in our group.*

  *Il nous faut encore une personne dans notre groupe.*

## a pet

un animal familier

- *Have you got any pets?*

  *Tu as des animaux familiers ?*

## a phone

un téléphone

- *Shush! Dad's on the phone.*

  *Chut ! Papa est au téléphone.*

## a piano

un piano

- *Pete plays the piano.*

  *Pete joue du piano.*

## a picture

un dessin

- *I'm drawing a picture.*

  *Je fais un dessin.*

## a piece

un morceau

- *a piece of bread*

  *un morceau de pain*

## pink

rose, roses

- *a pink balloon*

  *un ballon rose*

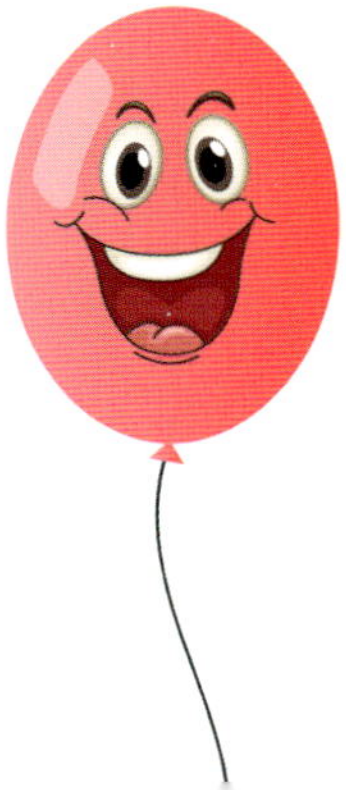

## a place
un endroit

- *Are we in the right place?*
  *Est-ce qu'on est au bon endroit ?*

## a plane
un avion

- *I've never been on a plane.*
  *Je n'ai jamais pris l'avion.*

## to play
jouer

- *Can we play in the garden?*
  *On peut aller jouer dans le jardin ?*
- *She plays the violin.*
  *Elle joue du violon.*

## please
s'il te plaît, s'il vous plaît

- *Please tell me!*
  *Dis-le-moi, s'il te plaît !*

## poor
pauvre, pauvres

- *He is very poor.*
  *Il est très pauvre.*

## a postcard
une carte postale

- *I am sending a postcard to Grandma.*
  *J'envoie une carte postale à Mamie.*

## a post office
une poste

- *Come with me to the post office.*
  *Viens avec moi à la poste.*

a b c d e f g h i j k l m n o p q r s t u v w x y z

# Numbers
## Les chiffres

zero one two three four five

six seven eight nine ten

eleven twelve thirteen fourteen fifteen sixteen seventeen eighteen nineteen twenty

twenty-one

twenty-two

thirty

forty

fifty

sixty

seventy

eighty

ninety

one hundred

one hundred and one

one hundred and two

two hundred

two hundred and twenty

one thousand

## a potato
une pomme de terre

- *roast potatoes*
  *des pommes de terre rôties*

one potato

two potatoes

## to prefer
préférer

- *Which one do you prefer?*
  *Lequel préfères-tu ?*

## a present
un cadeau

- *a birthday present*
  *un cadeau d'anniversaire*

### Presents

Quand on offre un cadeau (**present**) en Grande-Bretagne, pour Noël ou un anniversaire, on l'accompagne souvent d'une carte de vœux, même si l'on remet le cadeau en main propre. Alors n'oublie pas ta petite carte si tu es invité(e) à un anniversaire.

## to put
mettre

- *Put it over there.* *Mets-le là-bas.*
- *Put your shoes on.*
  *Mets tes chaussures.*

Attention ! Le passé et le participe passé de **put** sont **put**.

## pyjamas
le pyjama

Attention ! **Pyjamas** est pluriel !

- *They are wearing pyjamas.*
  *Elles sont en pyjama.*

## a queen

une reine

- *Queen Elizabeth II*
  *la reine d'Angleterre*

> **Queen Elizabeth II** est le nom de la reine d'Angleterre. Elle vit à Londres dans un palais qui s'appelle **Buckingham Palace**. Si tu aperçois l'**Union Jack** (le drapeau britannique) flotter au-dessus du palais, c'est que Sa Majesté la reine est chez elle ! La première reine Elizabeth régna au XVI^e siècle, et mourut un peu plus de 100 ans après la découverte de l'Amérique.

## quiet

tranquille, tranquilles

- *a quiet street*
  *une rue tranquille*
- *Be quiet! Tais-toi !*
- *Quiet everybody!*
  *Silence !*

## a rabbit

un lapin

- *My pet rabbit is gone!*
  *Mon lapin a disparu !*

## rain

la pluie

- *Don't stand in the rain.*
  *Ne reste pas sous la pluie.*

> Attention ! **Rain** peut vouloir dire plusieurs choses ! Regarde à la page suivante.

a b c d e f g h i j k l m n o p q r s t u v w x y z

# to rain

pleuvoir

- *It's raining.*
  *Il pleut.*

Attention ! **Rain** peut vouloir dire plusieurs choses ! Regarde à la page précédente.

# to read

lire

- *I'm reading a good book.*
  *Je lis un bon livre.*

Attention ! Le passé et le participe passé de **read** (qui se prononce riid) s'écrivent de la même manière (**read**), mais se prononcent comme **red**, la couleur rouge.

# ready

prêt, prête, prêts, prêtes

- *Ready, steady, go!*
  *À vos marques, prêts, partez !*

# really

vraiment

- *He's really sad.*
  *Il est vraiment triste.*
- *Really? Ah bon ?*
- *Not really. Pas vraiment.*

# red

rouge, rouges

- *a red apple*
  *une pomme rouge*

Les boîtes aux lettres (**letterboxes**) en Grande-Bretagne sont rouges.

# to remember

se rappeler

- *I remember what happened.*
  *Je me rappelle ce qui s'est passé.*

# rice

le riz

- *We're having rice and chicken.*
  *On mange du riz et du poulet.*

A B C D E F G H I J K L M N O P Q R S T U V W X Y Z

# rich

riche, riches

- *He's very rich.*
  *Il est très riche.*

# right

droit, droite, droits, droites

- *my right hand*
  *ma main droite*
- *Turn right.* *Tourne à droite.*
- *on the right* *à droite*

> Attention ! **Right** peut vouloir dire plusieurs choses ! Regarde en dessous.

# right

bon, bonne, bons, bonnes

- *the right answer*
  *la bonne réponse*

- *You're right!* *Tu as raison !*

> Sais-tu que **right** et **write** se prononcent de la même manière ? Cherche **write** dans le dictionnaire pour voir ce qu'il veut dire.

# a ring

une bague

- *I've lost my ring.*
  *J'ai perdu ma bague.*

> Attention ! **Ring** peut vouloir dire plusieurs choses ! Regarde en dessous.

# to ring

sonner

- *The telephone is ringing.*
  *Le téléphone sonne.*
- *Ring me tonight!*
  *Appelle-moi ce soir !*

> Attention ! Le passé de **ring** est **rang**, et le participe passé est **rung**.

# a river

une rivière, un fleuve

- *the River Thames*
  *la Tamise*

# The time

## L'heure

It's eight o'clock.
Il est huit heures.

It's five past eight.
Il est huit heures cinq.

It's ten past eight.
Il est huit heures dix.

It's quarter past eight.
Il est huit heures et quart.

It's half past eight.
Il est huit heures et demie.

It's twenty to nine.
Il est neuf heures moins vingt.

It's quarter to nine.
Il est neuf heures moins le quart.

It's noon.
Il est midi.

It's midnight.
Il est minuit.

a day
un jour

a month
un mois

a year
un an

a week
une semaine

an hour
une heure

a second
une seconde

a minute
une minute

in the morning
le matin

in the afternoon
l'après-midi

in the evening
le soir

at night
la nuit

A B C D E F G H I J K L M N O P Q R S T U V W X Y Z

## a road

une route

- *There are camels on the road.*

  *Il y a des chameaux sur la route.*

## a robot

un robot

- *I'd like to have a robot.*

  *J'aimerais bien avoir un robot.*

## a room

une pièce

- *There are five rooms in our house.*

  *Il y a cinq pièces dans notre maison.*

## to run

courir

Attention ! Le passé et le participe passé de **run** sont **run**.

- *I can run fast.*

  *Je cours vite.*

- *I ran all the way home.*

  *J'ai couru jusqu'à la maison.*

### Run!

À la fin de l'année à l'école, on organise une journée du sport (**sports day**). Chaque classe participe à des courses, et les parents viennent encourager leurs enfants. Les courses les plus populaires sont **the egg and spoon race** (les participants courent en tenant un œuf dans une grosse cuillère) et **the sack race** (une course en sac).

## sad

triste, tristes

- *She looks sad.*
  *Elle a l'air triste.*

## same

même, mêmes

- *I have the same bag!*
  *J'ai le même sac !*

## to say

dire

- *What did you say?*
  *Qu'est-ce que tu as dit ?*

Attention ! Le passé et le participe passé de **say** sont **said**.

## a school

une école

- *I like my new school.*
  *J'aime bien ma nouvelle école.*
- *a school bag*
  *un cartable*

### School

En Grande-Bretagne, on va d'abord à la **primary school**, de 5 ans à 11 ans. Les élèves âgés de 11 à 16 ans (ou de 11 à 18 ans) vont ensuite à l'école secondaire, la **secondary school**. Les élèves portent un uniforme mais sont parfois autorisés à porter leurs propres vêtements, comme par exemple à la veille des vacances. On va à l'école de 9 heures à 15 heures, du lundi au vendredi, et l'année scolaire dure de septembre à la fin juillet.

## the sea

la mer

- *I like swimming in the sea.*
  *J'aime bien nager dans la mer.*

Sais-tu que **sea** et **see** se prononcent de la même manière ? Regarde le mot suivant, **see**, pour voir ce qu'il veut dire.

## to see

voir

- *Come and see the stars!*
  *Viens voir les étoiles !*
- *See you soon!* À bientôt !
- *See you!* Au revoir !

Attention ! Le passé de **see** est **saw** et le participe passé est **seen**.

Sais-tu que **see** et **sea** se prononcent de la même manière ? Regarde le mot précédent, **sea**, pour voir ce qu'il veut dire.

## to send

envoyer

- *Send him a letter.*
  *Envoie-lui une lettre.*

Attention ! Le passé et le participe passé de **send** sont **sent**.

## she

elle

- *She's called Eileen.*
  *Elle s'appelle Eileen.*

## a shirt

une chemise

- *I have to wear a shirt and tie at school.*
  *Je dois porter une chemise et une cravate à l'école.*

## a shoe

une chaussure

- *I have new shoes.*
  *J'ai de nouvelles chaussures.*

## a shop

un magasin

- *I'm going to the shop to buy some milk.*
  *Je vais au magasin acheter du lait.*

## shopping

les courses

- *I love to go shopping.*
  *J'adore faire les courses.*

## a shower

une douche

- *He's in the shower.*
  *Il est sous la douche.*
- *I'm going to have a shower.*
  *Je vais prendre une douche.*

## to sing

chanter

- *He sings well.*
  *Il chante bien.*

> Attention ! Le passé de **sing** est **sang** et le participe passé est **sung**.

## a sister

une sœur

- *I have two sisters.*
  *J'ai deux sœurs.*

## to sit

s'asseoir

- *Come and sit here.*
  *Viens t'asseoir ici.*
- *Sit down! Assieds-toi !*

> Attention ! Le passé et le participe passé de **sit** sont **sat**.

## a skirt

une jupe

- *a red skirt une jupe rouge*

### Kilts

*En Écosse, les hommes et les garçons portent un **kilt** pour les mariages et autres grandes occasions. C'est une sorte de jupe plissée faite en laine aux motifs colorés. Chaque famille écossaise a son propre motif. Les hommes portent également un poignard coincé dans leur chaussette.*

# My day
## Ma journée

I wake up.
Je me réveille.

I get up.
Je me lève.

I have breakfast.
Je prends mon petit déjeuner.

I get washed.
Je me lave.

I get dressed.
Je m'habille.

I go to school.
Je vais à l'école.

I have lunch.
Je déjeune.

I play tennis.
Je joue au tennis.

I go to sleep.
Je vais me coucher.

I read a book.
Je lis un livre.

I brush my teeth.
Je me brosse les dents.

I have dinner.
Je dîne.

I do my homework.
Je fais mes devoirs.

I help my parents.
J'aide mes parents.

I play with my sister.
Je joue avec ma sœur.

I watch TV.
Je regarde la télé.

I play the piano.
Je joue du piano.

I go home.
Je rentre à la maison.

I have a snack.
Je prends mon goûter.

I feed the dog.
Je donne à manger au chien.

A B C D E F G H I J K L M N O P Q R S T U V W X Y Z

## the sky

le ciel

- *The sky's blue.* Le ciel est bleu.

## to sleep

dormir

- *Shush! She's sleeping.*
  *Chut ! Elle dort.*

Attention ! Le passé et le participe passé de **sleep** sont **slept**.

## slow

lent, lente,
lents, lentes

- *This tortoise is very slow.*
  *Cette tortue est très lente.*

## small

petit, petite,
petits, petites

- *We live in a small village.*
  *Nous habitons un petit village.*

## to smile

sourire

- *The baby's smiling.*
  *Le bébé sourit.*

### Cheese!

Quand on prend une photo et qu'on demande aux gens de sourire, on dit **Smile!**, mais on dit aussi souvent **Cheese!** Les gens répètent ce mot et, du coup, sont souriants sur la photo !

## a snake

un serpent

- *There's a snake in my boot!*
  *J'ai un serpent dans ma botte !*

## snow

la neige

- *We like playing in the snow.*
  *Nous aimons bien jouer dans la neige.*

Attention ! **Snow** peut vouloir dire plusieurs choses ! Regarde à la page suivante.

## to snow

neiger

- *It's snowing.*
  *Il neige.*

> Attention ! **Snow** peut vouloir dire plusieurs choses ! Regarde sur la page précédente.

## so

> Attention ! **So** peut vouloir dire plusieurs choses ! Regarde bien les exemples.

- *She's so beautiful!*
  *Elle est si belle !*
- *I don't think so.*
  *Je ne pense pas.*
- *She has so many friends!*
  *Elle a tant d'amis !*
- *I have so much work!*
  *J'ai tant de travail !*

## soap

le savon

- *a bar of soap* une savonnette

## a sock

une chaussette

- *a pair of socks*
  *une paire de chaussettes*

## some

du, de la, de l', des

- *Can you give me some money?*
  *Est-ce que tu peux me donner de l'argent ?*
- *Let's go and buy some sweets.*
  *Allons acheter des bonbons.*

## somebody

quelqu'un

- *There's somebody on the roof.*
  *Il y a quelqu'un sur le toit.*

> On peut aussi dire **someone** pour « quelqu'un ». Il n'y a aucune différence entre ces deux mots.

A B C D E F G H I J K L M N O P Q R S T U V W X Y Z

# something
quelque chose

- *I've got something for you.* J'ai quelque chose pour toi.
- *Would you like something to drink?* Tu veux quelque chose à boire ?

# sometimes
parfois

- *Do you play tennis? — Sometimes.* Tu joues au tennis ? — Parfois.

# a son
un fils

- *They have two sons and a daughter.* Ils ont deux fils et une fille.

Sais-tu que **son** et **sun** se prononcent de la même manière ? Va trouver **sun** dans le dictionnaire pour voir ce qu'il veut dire.

# a song
une chanson

- *Let's sing a song!* Chantons une chanson !

# soon
bientôt

- *I'm going on holiday soon.* Je vais bientôt en vacances.
- *See you soon!* À bientôt !
- *I'll be back soon!* Je reviens tout de suite !

# sorry
désolé, désolée, désolés, désolées

- *I'm sorry, I forgot.* Je suis désolé, j'ai oublié.
- *Sorry!* Pardon !
- *Say sorry to your sister.* Demande pardon à ta sœur.

# to speak
parler

- *Do you speak English?* Est-ce que tu parles anglais ?
- *I want to speak to your parents.* Je veux parler à tes parents.

Attention ! Le passé de **speak** est **spoke**, et le participe passé est **spoken**.

## a spider
une araignée

- *I'm afraid of spiders.*
  *J'ai peur des araignées.*

## sport
le sport

- *I play a lot of sport.*
  *Je fais beaucoup de sport.*

## the stairs
l'escalier

- *I fell down the stairs.*
  *Je suis tombé(e) dans l'escalier.*

Attention ! **Stairs** est pluriel.

## a stamp
un timbre

- *I'm going to buy a stamp.*
  *Je vais acheter un timbre.*

## to stand
être debout

- *She was standing next to me.*
  *Elle était debout à côté de moi.*
- *Stand up!* Lève-toi !

> Attention ! Le passé et le participe passé de **stand** sont **stood**.

## a star
une étoile

- *There are lots of stars tonight.*
  *Il y a beaucoup d'étoiles ce soir.*

> **The Stars and Stripes**
>
> Le drapeau américain s'appelle **the Stars and Stripes**, mot à mot « les étoiles et les rayures », ou la « bannière étoilée ». Il y a 50 étoiles sur le drapeau, et chacune des étoiles représente un état des États-Unis, comme la Californie, le Texas, l'Arizona.

## to stop
arrêter

- *Stop crying.*
  *Arrête de pleurer.*

> Attention ! Le passé et le participe passé de **stop** sont **stopped**.

# The seasons

## Les saisons

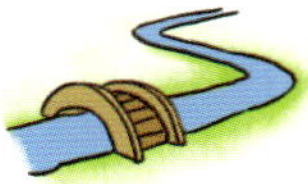

a river
une rivière

a tree
un arbre

the wind
le vent

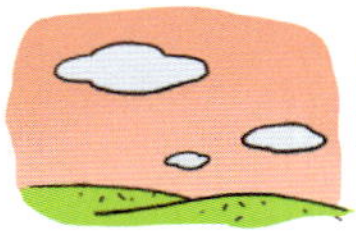

the sky
le ciel

a mountain
une montagne

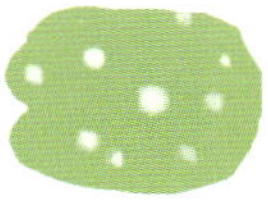

snow
la neige

the sea
la mer

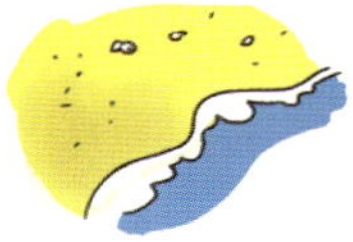
the beach
la plage

a cloud
un nuage

the sun
le soleil

a flower
une fleur

the garden
le jardin

rain
la pluie

a rainbow
un arc-en-ciel

grass
de l'herbe

# a story

une histoire

- *I'm writing a story.*

  *J'écris une histoire.*

*Attention ! Le pluriel de* **story** *est* **stories**.

# a street

une rue

- *I live in this street.*

  *J'habite dans cette rue.*

# such

tellement

- *This is such a beautiful place.*

  *C'est un endroit tellement beau.*

# sugar

le sucre

- *sugar, flour and butter*

  *du sucre, de la farine et du beurre*

# the sun

le soleil

- *The sun's shining.*

  *Le soleil brille.*

*Sais-tu que* **sun** *et* **son** *se prononcent de la même manière ? Va trouver* **son** *dans le dictionnaire pour voir ce qu'il veut dire.*

# sunglasses

des lunettes de soleil

- *She's wearing sunglasses.*

  *Elle porte des lunettes de soleil.*

# a sweet

un bonbon

- *I bought some sweets.*

  *J'ai acheté des bonbons.*

# to swim

nager

- *Can you swim?*

  *Tu sais nager ?*

*Attention ! Le passé de* **swim** *est* **swam**, *et le participe passé est* **swum**.

# a swimming pool

une piscine

- *We're going to the swimming pool.* *On va à la piscine.*

## a **table**
une table

- *There are two books on the table.* Il y a deux livres sur la table.

## to **take**
prendre

- *Take this red pencil.* Prends ce crayon rouge.
- *I took a lot of photos.* J'ai pris beaucoup de photos.

Attention ! Le passé de **take** est **took**, et le participe passé est **taken**.

## to **talk**
parler

- *I don't want to talk about it.* Je ne veux pas en parler.
- *I'm talking to my friends.* Je parle à mes amis.

## **tea**
le thé

- *I'd like a cup of tea.* Je voudrais une tasse de thé.

a b c d e f g h i j k l m n o p q r s t u v w x y z

A B C D E F G H I J K L M N O P Q R S T U V W X Y Z

# a teacher

un professeur, une professeure

- *a primary school teacher*

  *un instituteur, une institutrice*

**Miss!**

*À l'école, pour appeler son professeur, on dit* ***Miss*** *(Madame) pour une femme, et* ***Sir*** *(Monsieur) pour un homme.*

***I've finished, Miss!*** *J'ai fini, madame !*

# a television

une télévision

- *I watched it on television.*

  *Je l'ai regardé à la télévision.*

- *a television programme*

  *un programme télé*

# to tell

dire

- *Are you telling me the truth?*

  *Tu me dis la vérité ?*

- *I told her about my friends.*

  *Je lui ai parlé de mes amis.*

- *I'm going to tell you a story.*

  *Je vais te raconter une histoire.*

*Attention ! Le passé et le participe passé de* ***tell*** *sont* ***told****.*

# tennis

le tennis

- *She's playing tennis.*

  *Elle joue au tennis.*

- *a tennis racket*

  *une raquette de tennis*

# thanks

merci

- *Thanks a lot!*

  *Merci beaucoup !*

*Pour remercier en anglais, on peut dire* ***thanks*** *ou* ***thank you****. Pour dire « merci beaucoup » on peut choisir entre* ***thanks a lot*** *et* ***thank you very much****.*

## that

ce, c', cela

- *I don't want that dress.*
  *Je ne veux pas cette robe.*
- *What's that?*
  *Qu'est-ce que c'est ?*
- *Who's that? Qui est-ce ?*
- *That's my brother.*
  *C'est mon frère.*
- *She said that she was coming.*
  *Elle a dit qu'elle venait.*

> Attention ! Le pluriel de **that** est **those**.

## the

le, la , l', les

- *Look at the sea. Regarde la mer.*
- *The children are at school.*
  *Les enfants sont à l'école.*

## their

leur, leurs

- *Their house is in the countryside.*
  *Leur maison est à la campagne.*
- *Their parents aren't here yet.*
  *Leurs parents ne sont pas encore arrivés.*

> Sais-tu que **their** et **there** se prononcent de la même manière ? Va trouver **there** dans le dictionnaire pour voir ce qu'il veut dire.

## them

- *I want to give them a present.*
  *Je veux leur offrir un cadeau.*
- *I'm going with them.*
  *Je vais avec eux.*
- *I can't see them.*
  *Je ne les vois pas.*

> **Them** peut être traduit de différentes façons. Regarde les exemples !

## then

puis

- *I had dinner then I went to bed.*
  *J'ai dîné, puis je me suis couché(e).*

# Where are you?

## Où êtes-vous ?

I'm on the roof.
Je suis sur le toit.

I'm inside.
Je suis à l'intérieur.

I'm outside.
Je suis dehors.

I'm behind the sofa.
Je suis derrière le canapé.

I'm between Ben and Hamed.
Je suis entre Ben et Hamed.

I'm next to Léa.
Je suis à côté de Léa.

I'm here.
Je suis là.

He's there.
Il est là-bas.

I'm upstairs.
Je suis en haut.

I'm downstairs.
Je suis en bas.

I'm inside this box.
Je suis dans cette boîte.

I'm under the table.
Je suis sous la table.

I'm in front of the TV.
Je suis devant la télé.

I'm in the cupboard.
Je suis dans le placard.

A B C D E F G H I J K L M N O P Q R S T U V W X Y Z

## there

là-bas

- *Put it there.*
  *Mets-le là-bas.*
- *There's a message for you.*
  *Il y a un message pour toi.*
- *There are a lot of people here.*
  *Il y a beaucoup de gens ici.*

> *Sais-tu que **there** et **their** se prononcent de la même manière ? Va trouver **their** dans le dictionnaire pour voir ce qu'il veut dire.*

## these

ces

- *These shoes are not mine.*
  *Ces chaussures ne sont pas à moi.*
- *These are my friends.*
  *Ce sont mes amis.*

## they

ils, elles

- *They're American.*
  *Ils sont américains.*
- *Here they are!*
  *Les voilà !*

## a thing

une chose

- *What is this thing?*
  *C'est quoi, ce truc ?*

## to think

penser

- *What do you think?*
  *Qu'est-ce que tu en penses ?*
- *What are you thinking about?*
  *À quoi tu penses ?*

- *I was thinking about my friend.*
  *Je pensais à mon ami.*
- *I think so.*
  *Je pense que oui.*

> *Attention ! Le passé et le participe passé de **think** sont **thought**.*

## thirsty

- *I'm thirsty.*
  *J'ai soif.*

# this

ce, c', ceci

- *Who is this?*
  Qui est-ce ?
- *What's this?*
  Qu'est-ce que c'est ?
- *This is for you.*
  C'est pour toi.
- *This is my girlfriend.*
  Je te présente ma copine.

# those

ces

- *Those cakes look delicious.*
  Ces gâteaux ont l'air délicieux.

# a tiger

un tigre

- *Can you draw tigers?*
  Tu sais dessiner les tigres ?

# time

le temps

- *I don't have time.*
  Je n'ai pas le temps.
- *He talks all the time.*
  Il parle tout le temps.
- *What time is it?* Quelle heure est-il ?
- *It's time to go.* C'est l'heure d'y aller.

**Once upon a time...**

En général, les histoires en anglais commencent par **Once upon a time...** (Il était une fois...).

# to

à

- *He went to John's house.*
  Il est allé chez John.
- *Let's go to London.* Allons à Londres.

Attention ! Ne confonds pas **to**, **too** et **two**. Ils se prononcent tous de la même manière mais s'écrivent de façon différente.

a b c d e f g h i j k l m n o p q r s t u v w x y z

A B C D E F G H I J K L M N O P Q R S T U V W X Y Z

# today

aujourd'hui

- *What day is it today?*

  *Quel jour sommes-nous aujourd'hui ?*

# together

ensemble

- *We go to school together.*

  *On va à l'école ensemble.*

# the toilet

les toilettes

- *I'm going to the toilet.*

  *Je vais aux toilettes.*

- *Where are the toilets?*

  *Où sont les toilettes ?*

# a tomato

une tomate

- *tomato sauce* *de la sauce tomate*

one tomato

two tomatoes

# tomorrow

demain

- *tomorrow morning*

  *demain matin*

- *tomorrow evening*

  *demain soir*

- *the day after tomorrow*

  *après-demain*

# too

*Too* peut être traduit de différentes façons. Regarde les exemples !

- *It's too late.*

  *Il est trop tard.*

- *Don't eat too many sweets.*

  *Ne mange pas trop de bonbons.*

- *I have too much homework.*

  *J'ai trop de devoirs.*

- *I'm hungry.*
  *— Me too!*

  *J'ai faim.*
  *— Moi aussi !*

Attention ! Ne confonds pas **to**, **too** et **two**. Ils se prononcent tous de la même manière mais s'écrivent de façon différente.

## a towel

une serviette

- *a bath towel*
  *une serviette de bain*
- *a beach towel*
  *une serviette de plage*

## a town

une ville

- *I live in a small town.*
  *J'habite une petite ville.*

## a toy

un jouet

- *a toy shop*
  *un magasin de jouets*

## a train

un train

- *My big sister went to London by train.* *Ma grande sœur est allée à Londres en train.*
- *I'm catching the train at 11.*
  *Je prends le train à 11 heures.*

## a tree

un arbre

- *Let's sit under the tree.*
  *Asseyons-nous sous l'arbre.*

## trousers

un pantalon

- *a pair of trousers*
  *un pantalon*

# Animals
## Les animaux

a rhino
un rhinocéros

a bear
un ours

a crocodile
un crocodile

a ladybird
une coccinelle

a hippo
un hippopotame

an elephant
un éléphant

a parrot
un perroquet

a rat
un rat

a pig
un cochon

a wolf
un loup

a crab
un crabe

a fish
un poisson

a turkey
une dinde

a zebra
un zèbre

a lion
un lion

a dolphin
un dauphin

a tiger
un tigre

a penguin
un manchot

a giraffe
une girafe

a hamster
un hamster

a tortoise
une tortue

a butterfly
un papillon

a snail
un escargot

a fly
une mouche

a bee
une abeille

a kangaroo
un kangourou

a frog
une grenouille

an ant
une fourmi

a koala bear
un koala

a squirrel
un écureuil

a sheep
un mouton

A B C D E F G H I J K L M N O P Q R S T U V W X Y Z

# true

vrai, vraie, vrais, vraies

- *It's true.* *C'est vrai.*
- *True or false?* *Vrai ou faux ?*

# to try

essayer

- *Can I try?* *Je peux essayer ?*
- *Try again!* *Recommence !*

Attention ! Le passé et le participe passé de **try** sont **tried**.

# a T-shirt

un tee-shirt

- *a blue T-shirt*
  *un tee-shirt bleu*

# a turn

un tour

- *It's my turn!*
  *C'est mon tour !*

Attention ! **Turn** peut vouloir dire plusieurs choses ! Regarde en dessous.

# to turn

tourner

- *Turn left at the lights.*
  *Tournez à gauche aux feux.*

Attention ! **Turn** peut vouloir dire plusieurs choses ! Regarde au-dessus.

## to understand

comprendre

- *Do you understand?*
  *Tu comprends ?*

Attention ! Le passé et le participe passé de **understand** sont **understood**.

## the Union Jack

le drapeau britannique

- *The Union Jack is red, white and blue.*
  *Le drapeau britannique est rouge, blanc et bleu.*

### The Union Jack

Le drapeau britannique s'appelle l'**Union Jack**. Il est composé de 3 éléments : la croix rouge sur fond blanc du drapeau d'Angleterre (**St George's Cross**), la croix blanche sur fond bleu d'Écosse (**St Andrew's Cross**), et la croix rouge irlandaise (**St Patrick's Cross**).

## up

en haut

- *They went up the stairs.*
  *Ils ont monté l'escalier.*
- *I'm up!* Je suis debout !
- *I'm up here!* Je suis en haut !

a b c d e f g h i j k l m n o p q r s t u v w x y z

A B C D E F G H I J K L M N O P Q R S T U V W X Y Z

# us

nous

- *Is that for us?*

  *C'est pour nous ?*

# a vegetable

un légume

- *I hate vegetables.*

  *J'ai horreur des légumes.*

# very

très

- *It's very scary.*

  *Ça fait très peur.*
- *I like him very much.*

  *Je l'aime beaucoup.*

# to visit

visiter

- *We visited the museum.*

  *Nous avons visité le musée.*

# to wait

attendre

- *I'm waiting for the bus.*

  *J'attends le bus.*

# to walk

marcher

- *We walked for hours.*

  *Nous avons marché pendant des heures.*

# a wall

un mur

- *the garden wall*

  *le mur du jardin*

# to want

vouloir

- *Do you want some hot chocolate?*

  *Tu veux du chocolat chaud ?*
- *I want to go to the cinema.*

  *Je veux aller au cinéma.*

## a watch

une montre

- *My watch has stopped.*
  *Ma montre s'est arrêtée.*

## to watch

regarder

- *He's watching television.*
  *Il regarde la télévision.*

> *Attention ! **Watch** peut vouloir dire plusieurs choses ! Regarde au-dessus.*

## water

l'eau

- *Can I have a glass of water?*
  *Je peux avoir un verre d'eau ?*

## a way

un chemin

- *Can you tell me the way to the museum?*
  *Vous pouvez m'indiquer le chemin pour aller au musée ?*

## we

nous

- *We live in Australia.*
  *Nous habitons en Australie.*

## to wear

mettre

- *I'm going to wear my favourite dress.*
  *Je vais mettre ma robe préférée.*

> *Attention ! Le passé de **wear** est **wore** et le participe passé est **worn**.*

> *Sais-tu que **wear** et **where** se prononcent de la même manière ? Va trouver **where** dans le dictionnaire pour voir ce qu'il veut dire.*

## a week

une semaine

- *last week* la semaine dernière
- *this week*
  cette semaine
- *next week*
  la semaine prochaine
- *in a week's time*
  dans une semaine

# The UK and the US

## L'anglais britannique et l'anglais américain

L'automne est ma saison préférée.

Je suis en vacances.

Je peux avoir des chips ?

Je suis sur le trottoir.

Où est ma gomme ?

Voici le facteur.

I'm British.
Je suis britannique.

I'm American.
Je suis américain.

Let's play
find me!

I'm on the sidewalk.
I'm on the pavement.
Let's take the lift!
Let's take the elevator!
I'm wearing trousers.
I'm wearing pants.
I love sweets.
I love candy.
Turn off the faucet!
Turn off the tap!
I need the restroom.
I need the toilet.

Ferme le robinet !

Je vais aux toilettes.

Je porte un pantalon.

Je voudrais des frites.

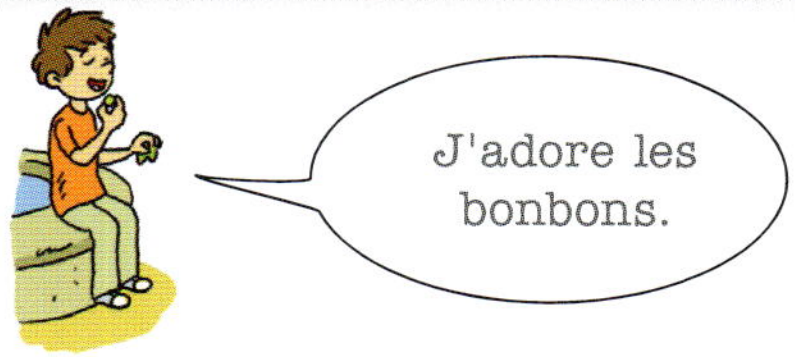
J'adore les bonbons.

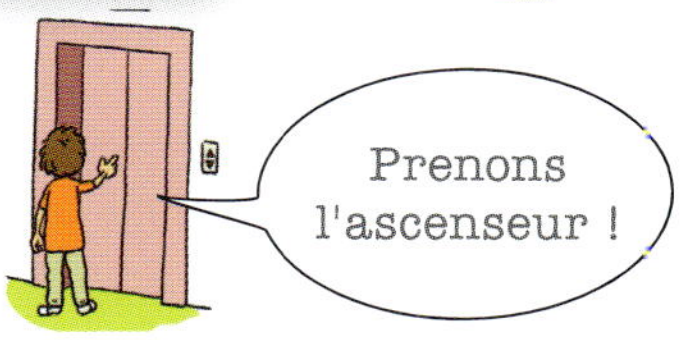
Prenons l'ascenseur !

## a weekend
un week-end

- *Have a nice weekend!*
  *Bon week-end !*

> Le mot **weekend** est composé de **week** (semaine) et d'**end** (fin) ; la fin de la semaine.

## welcome!
bienvenue !

- *Welcome to England!*
  *Bienvenue en Angleterre !*
- *You're always welcome.*
  *Tu es toujours le bienvenu ici.*

## well
bien

- *She sings well.*
  *Elle chante bien.*
- *Well done!* Bravo !

## what
qu'est-ce que, qu'est-ce qui

- *What are you doing?*
  *Qu'est-ce que tu fais ?*
- *What's happening?*
  *Qu'est-ce qui se passe ?*

## when
quand

- *When does the train arrive?*
  *Quand est-ce que le train arrive ?*

## where
où

- *Where is my book?*
  *Où est mon livre ?*

> Sais-tu que **where** et **wear** se prononcent de la même manière ? Va trouver **wear** dans le dictionnaire pour voir ce qu'il veut dire.

## white
blanc, blanche, blancs, blanches

- *a white shirt*
  *une chemise blanche*

## who
qui

- *Who is it?* Qui est-ce ?

## whose
à qui

- *Whose turn is this?*
  *C'est à qui le tour ?*

A B C D E F G H I J K L M N O P Q R S T U V W X Y Z

## will

- *He will come, I'm sure.*
  *Il va venir, j'en suis sûr(e).*
- *I'll help you.* *Je t'aiderai.*

> On utilise **will** dans les phrases pour parler du futur. **Will** est souvent abrégé en **'ll**.

## to win

gagner

- *I'm going to win.*
  *Je vais gagner.*

> Attention ! Le passé et le participe passé de **win** sont **won**.

## the wind

le vent

- *There's a strong wind.*
  *Il y a beaucoup de vent.*

## a window

une fenêtre

- *Open the window.*
  *Ouvre la fenêtre.*

## with

avec

- *The cat is with the dog.*
  *Le chat est avec le chien.*

## without

sans

- *I won't go without you.*
  *Je n'irai pas sans toi.*

## a woman

une femme

- *a young woman*
  *une jeune femme*

> N'oublie pas que le pluriel de **woman** est **women**. Attention ! **Women** se prononce « ouimine » !

## wonderful

merveilleux, merveilleuse, merveilleuses

- *We had a wonderful holiday.*
  *On a passé des vacances merveilleuses.*

a b c d e f g h i j k l m n o p q r s t u v w x y z

# work

le travail

- ***Mum's at work.***

  *Maman est au travail.*

> Attention ! **Work** peut vouloir dire plusieurs choses ! Regarde en dessous.

# to work

travailler

- ***Where does your dad work?***

  *Où est-ce que travaille ton père ?*

> Attention ! **Work** peut vouloir dire plusieurs choses ! Regarde au-dessus.

# worse

pire, pires

- ***It's even worse than I thought.***

  *C'est encore pire que je ne le croyais.*

# worst

pire, pires

- ***It's the worst day of my life.***

  *C'est la pire journée de ma vie.*

# would

- ***If I had lots of money, I'd buy a castle.***

  *Si j'avais beaucoup d'argent, j'achèterais un château.*

> On utilise **would** dans les phrases pour parler du conditionnel, de ce qui pourrait se passer. **Would** est souvent abrégé en **'d**. Regarde aussi **like**.

# to write

écrire

- ***They write to each other.***

  *Ils s'écrivent.*

> Attention ! Le passé de **write** est **wrote** et le participe passé est **written**.

> Sais-tu que **write** et **right** se prononcent de la même manière ? Va trouver **right** dans le dictionnaire pour voir ce qu'il veut dire.

# wrong

mauvais, mauvaise, mauvaises

- ***That's the wrong answer.***

  *C'est la mauvaise réponse.*

- ***You're wrong.***

  *Tu as tort.*

- ***What's wrong?***

  *Qu'est-ce qui ne va pas ?*

## a year

une année

- *I spent a year in Canada.*
  *J'ai passé une année au Canada.*

## yellow

jaune, jaunes

- *a yellow car* *une voiture jaune*

### Yellow cabs

*Les taxis de New York sont souvent jaunes et s'appellent* ***yellow cabs****. Tu les as sûrement déjà vus à la télé !*

## yes

oui

- *Would you like some coffee? — Yes, please.*
  *Voulez-vous du café ? — Oui, s'il vous plaît.*

## yesterday

hier

- *I played with my friends yesterday.*
  *J'ai joué avec mes amis hier.*
- *yesterday morning*
  *hier matin*
- *yesterday evening*
  *hier soir*
- *the day before yesterday*
  *avant-hier*

# The UK and London

## Le Royaume-Uni et Londres

**The United Kingdom**
Le Royaume-Uni

**Nessie**
C'est le monstre du Loch Ness.

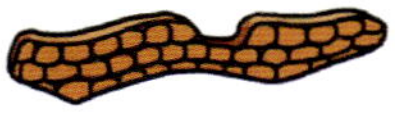

**Hadrian's Wall**
Le mur d'Hadrien, un ancien mur romain.

**Stonehenge**
Le plus vieux monument du Royaume-Uni !

**The Beatles**
Tu connais les Beatles ?

**The Gherkin**
Ce gratte-ciel s'appelle « Le Cornichon » !

**A bobby**
Quel drôle de casque ce policier !

**a black cab**
Les taxis londoniens sont noirs.

**a guard**
Le bonnet de ce garde est en poils d'ours !

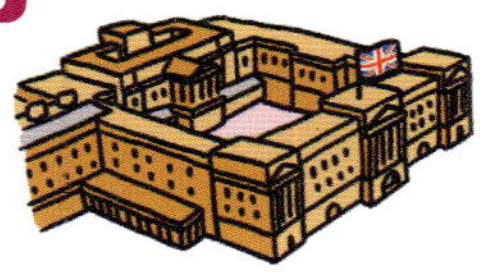

Buckingham Palace
Le drapeau est là. Cela veut dire que la reine est chez elle !

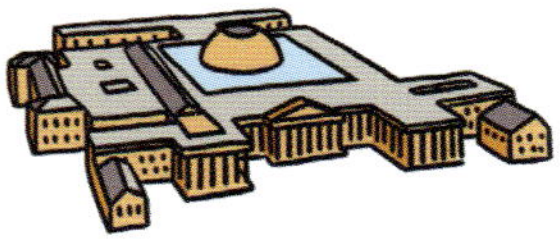

The British Museum
On va voir les momies et les pharaons d'Égypte !

Tower Bridge
À Londres il y a 13 ponts. Celui-ci est le plus célèbre !

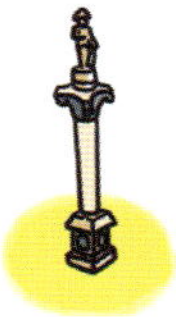

Trafalgar Square
Une statue de Nelson se trouve sur cette place.

a double-decker bus
Les bus de Londres ont deux étages.

The Houses of Parliament
Le parlement britannique s'appelle Westminster.

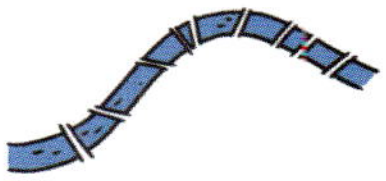

The River Thames
La Tamise est un peu salée !

The London Eye
On voit tout Londres de là-haut !

The Tower of London
C'est là qu'on garde les joyaux de la Couronne !

The London Underground
C'est le plus vieux métro du monde !

# you

tu, vous

- *Are you coming?* Tu viens ?
- *Who are you?* Qui êtes-vous ?
- *You're all so nice.*
  Vous êtes tous si gentils.
- *He's talking to you.*
  C'est à toi qu'il parle.
  C'est à vous qu'il parle.
- *I'll call you tonight.*
  Je t'appellerai ce soir.
  Je vous appellerai ce soir.

En anglais, il n'y a qu'un mot pour « tu » et « vous » : c'est **you**. On s'en sert pour s'adresser aussi bien à un ami qu'à quelqu'un qu'on ne connaît pas, ou à plusieurs personnes.

# young

jeune, jeunes

- *You're too young to watch this film.*
  Tu es trop jeune pour regarder ce film.
- *young people* les jeunes

# your

ton, ta, tes, votre, vos

- *Your dog bit me.*
  Ton chien m'a mordu.
  Votre chien m'a mordu.
- *I like your car.*
  J'aime bien ta voiture.
  J'aime bien votre voiture.

En anglais, il n'y a qu'un mot pour « ton, ta, tes » et « votre, vos » : c'est **your**. On s'en sert aussi bien en parlant à un ami qu'à quelqu'un qu'on ne connaît pas, ou à plusieurs personnes.

# a zoo

un zoo

- *Let's go to the zoo!*
  Allons au zoo !

# Petit lexique français-anglais

## A

- **à** to, at
- **acheter** buy
- **adresse** address
- **aider** help
- **aimer** enjoy, love, like
- **aller** go
- **Amérique** America
- **ami, -e** friend
- **anglais, -e** English
- **Angleterre** England
- **animal** animal ; **animal familier** pet
- **année** year
- **anniversaire** birthday
- **appeler** call
- **apporter** bring
- **apprendre** learn
- **après-midi** afternoon
- **araignée** spider
- **arbre** tree
- **argent** money
- **arrêter** stop
- **arriver** come
- **assez** enough
- **attendre** wait
- **aujourd'hui** today
- **au revoir** goodbye
- **avant** before
- **avec** with
- **avion** plane
- **avoir** have

## B

- **bague** ring
- **balle** ball
- **banane** banana
- **bateau** boat
- **beaucoup** a lot ; **beaucoup de** much, many
- **bébé** baby
- **beurre** butter
- **bien** well
- **bientôt** soon
- **bienvenue !** welcome!
- **blanc, blanche** white
- **bleu, -e** blue
- **boire** drink
- **boisson** drink
- **bonbon** sweet
- **bon, bonne** right, good
- **bonjour** hello
- **botte** boot
- **bouteille** bottle
- **bras** arm
- **bureau** office
- **bus** bus

## C

- **cadeau** present
- **café** coffee
- **carotte** carrot
- **carte** map
- **carte postale** postcard
- **casser** break
- **ce, c', ceci** this
- **ce, c', cela** that
- **célèbre** famous
- **ces** these, those
- **chaise** chair
- **chambre** bedroom
- **chanson** song
- **chanter** sing
- **chapeau** hat
- **chaque** each
- **chat, chatte** cat
- **château** castle
- **chaud, -e,** hot
- **chaussette** sock
- **chaussure** shoe
- **chemin** way
- **chemise** shirt
- **chercher** look for
- **cher, chère** dear
- **cheval** horse
- **cheveux** hair
- **chez soi** home
- **chien, chienne** dog
- **chocolat** chocolate
- **chose** thing
- **ciel** sky
- **cinéma** cinema
- **comme** like
- **commencer** begin
- **comment** how
- **comprendre** understand
- **compter** count
- **confiture** jam
- **courir** run
- **courses** shopping
- **crayon** pencil
- **crocodile** crocodile
- **cuisine** kitchen ; **faire la cuisine** cook

## D

- **dame** lady
- **danser** dance
- **de** of, from ; **du, de la, de l', des** some, any
- **debout : être debout** stand
- **dehors** out, outside
- **déjeuner** lunch
- **demain** tomorrow
- **demander** ask
- **désolé, -e** sorry
- **dessin** picture, drawing
- **dessiner** draw
- **détester** hate
- **devoir** must, have to
- **dîner** dinner
- **dire** say, tell
- **donner** give
- **dormir** sleep
- **dos** back
- **douche** shower
- **drapeau** flag ; **drapeau britannique** Union Jack
- **droit, -e** right
- **drôle** funny

## E

- **eau** water
- **école** school
- **écouter** listen
- **écrire** write
- **éléphant** elephant
- **elle** she, it
- **elles** they
- **e-mail** email
- **emploi** job
- **en** by
- **en bas** down
- **encore** again ; **encore un, une** another
- **endroit** place
- **enfant** child
- **en haut** up
- **en retard** late
- **ensemble** together
- **environ** about
- **envoyer** send
- **escalier** stairs
- **essayer** try
- **et** and
- **étoile** star
- **être** be

## F

- **faire** make, do
- **famille** family
- **femme** woman
- **fenêtre** window
- **fermer** close
- **feu** fire
- **fille** girl, daughter
- **film** film
- **fils** son
- **fin** end
- **fleur** flower
- **fleuve** river
- **football** football
- **frère** brother
- **frite** chip
- **froid, -e** cold
- **fromage** cheese
- **fruits** fruit

## G

- **gagner** win
- **garçon** boy
- **gâteau** cake
- **gauche** left
- **génial, -e** great
- **gens** people
- **glace** ice, ice cream
- **grand, -e** big
- **gratuit, -e** free
- **guitare** guitar

## H

- **habiter** live
- **Halloween** Hallowe'en
- **herbe** grass
- **heureux, -euse** happy
- **hier** yesterday
- **histoire** story
- **hobby** hobby
- **homme** man
- **horloge** clock

## I

- **idée** idea
- **il** he, it
- **ils** they
- **importance : avoir de l'importance** matter
- **Internet** internet
- **inviter** invite

## J

- **jambe** leg
- **jardin** garden
- **jaune** yellow
- **je, j'** I
- **jeu** game
- **jeune** young
- **jouer** play
- **jouet** toy
- **jour** day
- **jupe** skirt
- **jus** juice
- **juste** fair

## L

- **là-bas** there
- **lac** lake
- **laisser** let
- **lait** milk
- **lapin** rabbit
- **le, la, l', les** the
- **légume** vegetable
- **lent, -e** slow
- **lettre** letter
- **leur** their
- **libre** free
- **lion** lion
- **lire** read
- **lit** bed
- **livre** book
- **Londres** London
- **lui** him, her
- **lumière** light
- **lune** moon
- **lunettes** glasses ; **lunettes de soleil** sunglasses

## M

- **ma** my
- **magasin** shop
- **main** hand
- **maintenant** now
- **mais** but
- **maison** house
- **mal : faire mal** hurt
- **malade** ill
- **maman** mum
- **manger** eat
- **manteau** coat
- **marcher** walk
- **match** match
- **matin** morning
- **mauvais, -e** bad, wrong
- **médecin** doctor
- **meilleur, -e** best
- **même** same
- **mer** sea
- **merci** thanks
- **mère** mother
- **merveilleux, -euse** wonderful
- **mes** my
- **mettre** put, wear
- **mieux** better
- **moi** me
- **moins de** less
- **mois** month
- **mon** my
- **montagne** mountain
- **montre** watch
- **morceau** piece
- **mur** wall
- **musique** music

## N

- **nager** swim
- **neige** snow
- **neiger** snow
- **ne ... jamais** never
- **ne ... pas** not
- **ne ... rien** nothing
- **Noël** Christmas
- **noir, -e** black
- **nom** name
- **non** no
- **nos** our
- **notre** our
- **nourriture** food
- **nous** we, us
- **nouveau, -elle** new
- **nuage** cloud
- **nuit** night

## O

- **occupé, -e** busy
- **œil** eye
- **œuf** egg
- **oiseau** bird
- **or** gold
- **ordinateur** computer
- **orange** orange
- **où** where
- **oublier** forget
- **oui** yes
- **ouvrir** open

## P

- **pain** bread
- **pantalon** trousers
- **papa** dad
- **papier** paper
- **Pâques** Easter

- **parce que** because
- **parfois** sometimes
- **parler** speak, talk
- **pauvre** poor
- **payer** pay
- **pays** country
- **peindre** paint
- **penser** think
- **perdu, -e** lost
- **père** father
- **personne** person
- **petit, -e** little, small
- **petit déjeuner** breakfast
- **peu** bit
- **peut-être** maybe
- **piano** piano
- **pièce** room
- **pied** foot
- **pire** worse, worst
- **piscine** swimming pool
- **plage** beach
- **plan** map
- **pleurer** cry
- **pleuvoir** rain
- **pluie** rain
- **plus de** more
- **poisson** fish
- **pomme** apple
- **pomme de terre** potato
- **porte** door
- **poste** post office
- **poulet** chicken
- **pour** for
- **pouvoir** can
- **préféré, -e** favourite
- **préférer** prefer
- **prendre** take
- **prêt, -e** ready
- **professeur, -e** teacher
- **propre** clean
- **prudent, -e** careful
- **puis** then
- **pyjama** pyjamas

## Q

- **quand** when
- **quelque chose** something
- **quelqu'un** somebody
- **qu'est-ce que, qu'est-ce qui** what
- **qui** who ; **à qui** whose

## R

- **rapide** fast
- **recevoir** get
- **regarder** look, watch
- **reine** queen
- **rencontrer** meet
- **ressembler** look like
- **retour : de retour** back
- **rhume** cold
- **riche** rich
- **rivière** river
- **riz** rice
- **robe** dress
- **robot** robot
- **roi** king
- **rose** pink
- **rouge** red
- **route** road
- **rue** street

## S

- **sa** his, her, its
- **sale** dirty
- **salle de bains** bathroom
- **salut** hi, bye
- **sans** without
- **s'asseoir** sit
- **sauf** except
- **savoir** know, can
- **savon** soap
- **sec, sèche** dry
- **se dépêcher** hurry up
- **se lever** get up
- **semaine** week
- **se passer** happen
- **se rappeler** remember
- **serpent** snake
- **serviette** towel
- **ses** his, her, its
- **seulement** only
- **seul, -e** alone
- **si** so
- **s'il te plaît, s'il vous plaît** please
- **singe** monkey
- **sœur** sister
- **soir** evening
- **soleil** sun
- **sonner** ring
- **son** his, her, its
- **sourire** smile
- **souris** mouse
- **sport** sport
- **stylo** pen
- **sucre** sugar
- **sur** on

## T

- **ta** your
- **table** table
- **tee-shirt** T-shirt
- **téléphone** phone
- **télévision** television
- **tellement** such
- **temps** time
- **tennis** tennis
- **tes** your
- **tête** head
- **thé** tea
- **tigre** tiger
- **timbre** stamp
- **toilettes** toilet
- **tomate** tomato
- **ton** your
- **toujours** always
- **tour** turn
- **tourner** turn
- **tout, -e** all, every
- **train** train
- **tranquille** quiet
- **travail** work
- **travailler** work
- **très** very ; **très bien** fine
- **triste** sad
- **trop** too
- **trouver** find
- **tu** you

## U V W

- **un, une** a
- **vacances** holiday
- **vache** cow
- **vélo** bicycle
- **vent** wind
- **verre** glass
- **vert, -e** green
- **viande** meat
- **vieux, vieille** old
- **ville** town
- **visage** face
- **visiter** visit
- **voir** see
- **voiture** car
- **voler** fly
- **vos** your
- **votre** your
- **vouloir** want
- **vous** you
- **vraiment** really
- **vrai, -e** true
- **week-end** weekend
- **zoo** zoo

## Crédits photographiques

fotolia.com : adman6060, Andy Lidstone, artenot, BNP Design Studio, bnpdesignstudio, Bobo, burak çakmak, CALLALLOO Canis, carlosgardel, daboost, dedMazay, DIDEM HIZAR, Fabrice MOSCA, gcpics, Gouraud Studio, grinfen, jakaranda, Jit Lim, Joe Gough, julien tromeur, justaa, Justyna Pszczolka, K.-U. Häßler, Klara Viskova, Laurent Renault, Lena Rozova, lesniewski, lindybug, Lorelyn Medina, Lucian Milasan, -=Mad Dog=-, Marina Lvova, Marius Graf, Matthew Cole, Milena Vuckovic, Olena Pantiukh, RA Studio, Real Illusion, rgb4you, Roberto Mendolicchio, Ruslan Olinchuk, S_E, SahinMurat, sararoom, sharpnose, stockshoppe, The Last Word, tsach, Twiggy Van Daele, vectomart, VectorShots.com, Wichittra Srisunon, wooster, Yael Weiss, Yves Damin, zaphod2008, Zharastudio.

istockphoto.com : Romilly Lockyer, Shane Obrien.

Larousse : Alain Boyer.

thinkstockphotos.com : Alena Dvorakova, Alexey Bannykh, Alexeyzet, André Maslennikov, Andrei Krauchuk, Andrew Barker, Anna Efimenko, Arkadi Bojaršinov, Charmaine Paulson, Cigdem Senyurek, Daniel Cole, Daniela Pelazza, David Anderson, dedMazay, Dennis Cox, Elena Kozlova, Feng Yu, Francesco Speranza, frans_kuz, Ivonne Wierink-vanWetten, Jennifer Borton, Jose Barrera, julien Tromeur, Jupiterimages, Konstantinas Algimantas Klimavi?ius, Lorelyn Medina, Maria ?eras?menko, marilyn barbone, Mario Pusic, Mark Stay, Matthew Cole, mbagdon, Mike Liu, mikosca, Olga Yakovenko, pederk, Petr Malyshev, Qizhi He, roland nagy, Sergey Borisov, Serkan Unluturk, Simon Hartshorne, sukmaraga, Thomas Northcut, Tomislav, UrchenkoJulia, Victoria Rayu, Vladimir Kononykhin, Wessam Eldeeb, Yuliyan Velchev, Zoonar RF.

Wikimedia Commons : Thomas Gainsborough, National Maritime Museum, London, England, Greenwich Hospital Collection.

Imprimé chez G. Canale & C. S.p.A. à Borgaro T.se (Italie)
Dépôt légal : avril 2017 - 319041/01
N° de projet : 11034520 - Mars 2017